瓜飯樓外集　第三卷

瓜飯樓藏印

馮其庸　藏録

商務印書館

圖書在版編目(CIP)數據

瓜飯樓藏印/馮其庸藏録.—北京:商務印書館,2024
(瓜飯樓外集)
ISBN 978-7-100-23456-6

Ⅰ.①瓜… Ⅱ.①馮… Ⅲ.①古印(考古)—收藏—中國—圖集 Ⅳ.①G262.1-64

中國國家版本館CIP數據核字(2024)第045100號

特邀編輯:孫熙春
攝　　影:汪大剛　甘永潔
版式設計:姚偉延　張晶晶

瓜飯樓外集
第三卷
瓜飯樓藏印
馮其庸　藏録

商　務　印　書　館　出　版
(北京王府井大街36號　郵政編碼100710)
商　務　印　書　館　發　行
北京雅昌藝術印刷有限公司印刷
ISBN 978-7-100-23456-6

2024年6月第1版　　開本710×1000　1/8
2024年6月北京第1次印刷　　印張30½
定價:880.00元

瓜飯樓外集

寬中百歲

题签 姚奠中

瓜飯樓外集

顧　問　謝辰生　鄭欣淼　王炳華　王文章

主　編　馮其庸

助　編　高海英

《瓜飯樓外集》總序

我剛出了《瓜飯樓叢稿》，現在又着手編《瓜飯樓外集》，其原因是我的研究方法和研究習慣，都是先從調查每一個專題的歷史資料開始的，如我在講中國文學史的時候，就思考中國原始文化的形成和綜合的過程，因此我調查了全國各地重要的新石器時代文化遺址以及若干先秦、漢、唐時代的文化遺址，在調查中，獲得了不少原始文化資料。一九六四年八月，我隨人民大學的『四清』工作隊到陝西長安縣參加『四清』工作，我被分派在長安縣南堡寨，想不到在那裏我與周宏興同志一起，發現了一個規模極大的原始文化遺址（方圓十多華里），采集到大量的原始陶器、骨器等等，之後我們報告了陝西省考古所，也寫了一份考古報告，報告直到『文革』結束後纔在《考古》雜誌上發表，編輯部的人説由非考古人員寫一份合格的考古報告，這還是第一次。我們帶回的實物，蘇秉琦、郭沫若等專家都看過并認同了。由於愛好，我也從各地的文物市場獲得一些與我的研究課題有關的資料。我的不少原始陶器和彩陶，周、秦、漢、唐的瓦當、陶俑等，就是這樣逐漸積纍起來的。

我在考察中國佛教造像時，也陸續獲得了一批從北魏到唐宋的石刻造像和金銅造像。我爲什麽會重視并喜愛這些造像呢？我讀高一時，美術老師給我們講西洋雕塑怎麽怎麽好，怎麽怎麽偉大，我就奇怪中國爲什麽没有雕塑，後來我到了敦煌、麥積山、炳靈寺、雲岡、龍門，我纔知道我們中國的雕塑如此輝煌，更後來秦始皇陵兵馬俑被發現了，這是震驚世界的發現，它證明我們的雕塑不僅豐富偉大，而且遠遠早於西方，我認爲我們的美術史家應該寫出一部新的中國雕塑史來，因此我想力所能及地爲他們搜集一些散落的資料，而且我也真是搜集到了一些，這就是收在這部外集裏的石刻造像和金銅佛像。

我從小就喜歡刻印，因此一直留心這方面的實物，在『文革』中，在地安門的一家文物商店裏，就先後買到了陳曼生、楊龍石等人的印章，我從各地買到的戰國到秦漢的印章約有六十多枚，我還在新疆和田買到了幾方西部的印章。

由於我特別喜歡篆刻，所以篆刻界的前輩和朋友，也都不斷爲我治印，因此我還積纍了一批現當代名家的刻印。

我還重視古代的石刻墓誌，因爲這是歷史書籍以外的史料，即使是這個人在史書中有所記載，也未必會有這個人的墓誌詳細。古人往往將墓誌稱爲『諛墓文』，意思是説墓誌上總是説好話贊揚的多，這種説法也不是没有道理。但是要區別清楚，一般説好話都是贊揚性的空話居多，如要考證這個人的實際官職之類的歷史事實，墓誌也不至於虚構編造，所以我比較重視墓誌，先後得到了一批重要的墓誌銘，其中特别是一件九十四厘米見方的唐狄仁傑族孫的墓誌銘，尤爲難得。此外還得到一批民間各式各樣的墓誌，使我們對墓誌的瞭解大大豐富了。

『文革』期間，一九七二年，我家鄉挖河，挖出來一個墓葬，墓是明代正德九年（一五一四）的，尸體和衣服完全未腐爛，但發現腦袋是被砍的，死者胸前掛一個黄布口袋，口袋裏裝一份文書，我侄子馮有責把它寄給了我，原來是一份皇帝的『罪己詔』。我將此詔送給故宫博物院，結果故宫博物院的兩派正在武鬥，無人管這件事，又拿了回來，我仍舊保存着。前些年終於無償地捐贈給第一歷史檔案館了。據檔案館的朋友告訴我，皇帝的『罪己詔』實物，全國只此一件。

一九七三年，我家鄉又挖出來一批青銅器，最大的一件銅鑒，有長篇銘文，還有二件銅豆也有同樣的銘文，還有二件無銘文。後來我的侄子馮有責告訴了我，并用鉛筆拓了幾個銘文給我看，我初步看出是楚鑒，銘文也大體能識，我即拿到故宫去找唐蘭先生，唐先生是我老師王蘧常先生的同學好友，我一九五四年剛到北京時，由王蘧常老師作書介紹，第一個就是拜見他，以後也一直有聯繫。唐老看到了我拿去的銘文粗拓件，也肯定是楚器，并囑我想法把它拿到北京來。這事被耽擱了一段時間，最後拿到北京時，唐老已不幸去世了。事後不少專家研究了這個銅鑒，是戰國春申君的故物，根據銘文命名爲『鄝陵君鑒』。那時還在『文革』後期，我怕被紅衛兵來砸掉，就告訴南京博物院的姚遷院長。姚院長十分重視，除親自來看過外，還專門派了三個人來取。還一定要付給我錢，我堅決辭謝了，我説我是無償地捐獻給祖國，只要您給我一個收條，我好向家鄉交待。姚院長終於接受了我的意見。現在這批青銅器（共五件）一直被珍藏在南京博物院。

我還喜歡瓷器，也陸續收集積纍了一些，但我收集的是民窑，我欣賞民間藝術，民窑也是民間藝術的一種。我在朋友的幫助下，陸續收集到了一批青花瓷，其中明青花最多。我把民間青花上的紋飾，比作是文人隨意的行書和草書，其行雲流水之意和具象與抽象交合的意趣是官窑所没有的。

我還特别喜歡紫砂器物，二十世紀五十年代初，宜興紫砂廠在無錫有一個出售紫砂壺的店面，那時顧景洲先生常來，我就是在那裏認識他的。之後我常到宜興去看顧老（那時他纔四十多歲，我還不到三十歲），因此認識了高海庚、周桂珍、徐秀棠、汪寅仙、蔣蓉等紫砂大師，我還常給他們在壺上題字。我到北京後，顧老和高海庚也常到北京來，只要他們來，就會來看我。這樣我也陸續收藏了一批紫砂壺，也在文物商店買到過陳曼生等的一些老壺，當時都由顧老爲我鑒定。現在連同他們送給我的茶壺也一并收入本集。

我最早認識明式傢具的藝術價值，是受老友陳從周兄的影響，我倆都是王蘧常先生的學生，他比我年長，他是古典園林專家，又是書畫家，他特别重視明式傢具，爲此他還爲美國大都會博物館設計了一座『明園』，從建築材料到傢具陳設和園中的假山，全都是明代的，連題字也是用的明代書畫家文徵明的字，我一九八一年去美國講學時還專門去看過，所以我對明式傢具的理解和愛好，最早是受從周兄的影響。之後，我又認識了王世襄先生，記得在『文革』前和『文革』中，他常提着一個小包到張自忠路我宿舍旁的張正宇先生家來，張正宇先生是工藝美術大師，可以説是無所不通。尤其是他的書法真是出神入化，既傳統而又創新。王世襄先生也常常拿着他的書法來向張老請教。而王老對於明式傢具的收藏和研究，在當時是無出其右的。我到王老家去，看到他屋裏堆滿了明式傢具，連自己住的地方都没有，往往就睡在舊傢具上。我於自然之間，也就受到了他的影響，後來又獲交陳增弼先生，他也是明式傢具的專家、收藏者和研究者。二十世紀七十年代我去揚州調查有關曹雪芹祖父曹寅的事，碰巧揚州發掘廣陵王墓，其外椁全是西漢的金絲楠木，每塊長五米有餘，寬有一米多，厚約四十厘米，而且一面是鮮紅的紅漆，一面是黑漆。當時政府就用這些木板作爲民工的工錢發給老百姓，老百姓拿來出售，我就買了一批，後來朋友幫我運到了北京，一擱就是十幾二十年。有一次偶然被陳增弼兄看到了，他大爲稱贊這批木料，説由他來設計一套明式傢具，用這批金絲楠木來做，那會舉世無雙。不幸陳兄突患癌症去世了，但這個計劃却由他的高足苑金章繼承下來了。苑金章兄親自設計并帶領一批人製作，一晃至今已五年有餘，共成三十六件。我看了真是眼花繚亂，原來一塊塊塵土滿身的木板，不想做成傢具後，式様典雅大氣，而且金光閃閃，異香滿室，真讓我覺得心曠神怡。

在這部《瓜飯樓外集》裏，我還收了《瓜飯樓藏王蘧常書信集》一卷，和《瓜飯樓師友録》三卷。王蘧常先生和錢仲聯先生都是我的終身老師。王先生的章草，是舉世無雙的，日本人説『古有王羲之，今有王蘧常』。他給我的信很多，特别是他九十歲那年，特意爲我寫了十八封信，名曰《十八帖》。没有想到我到上海去拜領了這部《十八帖》後回到北京，只過了五天，他就突然仙逝了。所以這部《十八帖》也就成了他的絶筆。現將這部《十八帖》和他給我的書信，書法單獨結成一集。

錢仲聯先生也是我的終身老師，從一九四六年拜他爲師後，向他問學一直未間斷，他去世前不久，還寫了一首七百字的長詩贈我。寫完這首詩，他喘口氣説：『現在我再也没有牽掛了！』現把他給我的信一并收在《瓜飯樓師友録》裏。《瓜飯樓師友録》裏還有許多前輩和同輩的信，如蘇局仙、郭沫若、謝無量、唐蘭、劉海粟、朱屺瞻、季羡林、任繼愈先生等等。年紀小的學生一輩以下的信因爲篇幅所限，無法盡收，十分遺憾。

這部集子裏，我還收了我的兩部攝影集，一部是玄奘取經之路的專題，另一部是大西部的歷史文化風光的攝影。我前後去陝西、甘肅、寧夏、新疆等地十多次，登帕米爾高原三次，穿越塔克拉瑪干大沙漠二次，入羅布泊、樓蘭、龍城、白龍堆、三隴沙一次。最後一次，在大沙漠中共十七天，既考明了玄奘往返印度取經的國内路綫，也飽賞了帕米爾高原和羅布泊、樓蘭、龍城、白龍堆等大漠的風光，而且我把這些經歷都攝入了鏡頭，這既是我的重要實地調查記録，也是世所罕見的西域風光的實録。

我從小就喜歡書法和繪畫，一直是自學。一九四三年在無錫城裏意外遇見了大畫家諸健秋先生，他十分稱贊我的習作山水，要我到他的畫室去看他作畫，他説『看就是學』。這樣，我就在他的畫室裏前後看了一年，但我上完高一就又失學了，離開了無錫也就看不到諸老作畫了。但諸老的教導我一直默記在心。平時因事忙，我只作一些花卉之類的簡筆，書法的學習則是從小學到高中一直到後來上無錫國專都未間斷。日後也不斷作書法。一九九六年我離休以後，有了時間，就開始認真地作山水，而且我一直喜歡宋元畫，所以也用功臨摹宋元畫。但令我最爲動心的大西部山水，尤其是古龜茲國（庫車）的山水，我則另創别法，用重彩乾筆來表現。我先後開過多次書畫展，出過多次畫册。現在我把這些作品，包括近幾年來的新作和書法，一并編入本集，也算是我在文章以外的另一類學術與藝術的綜合。也許，將這個《外集》和《内集》（《瓜飯樓叢稿》）合起來看，可以看到我在學術和藝術方面比較完整的一個基本面貌，也可以看到我畢生的全部興趣所至。但是我要説明，我不是文物收藏家，我收藏這些東西都是爲了研究，當然也是由於愛好。因爲我收集這些東西主要是爲了學術研究，所以我收集的東西并不一定都有很高的文物價值和經濟價值，但是它却有珍貴的史料價值和認識價值。例如在討論新出土的『曹雪芹墓石』時，否定的一派認爲墓誌銘都有一定的規格，多大多小都有規定。這聽起來好像有道理，實際上這是混淆事實。墓誌銘的官方規定，雖有其事，但却只限於做官的，對一般普通老百姓，有誰來管你這些事？曹雪芹抄家後早已淪爲一介貧民，死時連棺材都没有，還有誰來按什麽規格刻墓誌銘呢？這不過是一塊普通的未經細加工的毛石，鑿『曹公諱霑墓』『壬午』幾個字，只是用作標誌而已。爲了證實普通老百姓的墓誌銘是各式各樣的，將我收到的，如有的是陶盤的墓誌銘，有的是瓷器盤子做的墓誌銘，有青花瓷的墓誌銘，有一塊只有一本普通書本大小的青花釉裏紅墓誌銘，有兩塊磚刻的四方的墓誌銘，還有一塊用硃筆寫在磚上的墓誌銘，都收在我的書裏。它不一定有多大的經濟價值，但它却有珍貴的認識價值和歷史價值。

不論是文章也好，還是藝術也好，還有其他也好，我覺得人的追求是永無止境的。古人説『學無止境』，確實如此。這也就是説，無論你是寫文章做學問也好，無論你是創作藝術也好，還是追尋歷史，進行考古也好，始終都是『無止境』的。因此，人永遠在征途中，永遠在追求中，千萬不可有自我滿足的感覺。『自滿』也就是『自止』。人到了自止，也就是停止了。我喜歡永遠讓自己在征途中，在學問的探索中，在藝術的創意中！杜甫説：『大哉乾坤内，吾道長悠悠！』杜甫説得多好啊！

二〇一三年四月四日，農曆癸巳清明節晚十時於瓜飯樓，時年九十又一

凡例

一、本書所收各類藏品，均係編者個人所藏。

二、本書所收『郘陵君鑒』等五件藏品，已無償捐贈給南京博物院，正德『罪己詔』已無償捐贈給第一歷史檔案館。現所用圖片，爲以上兩家攝贈。

三、本書所收古代碑刻拓片、墓誌等，均有録文，并加標點，録文一般采用通行繁體字，但碑上的俗寫字，一律采用原字。

四、本書所收古印，最具特色的是新疆和田的古代動物形象印，爲稀見之品。

五、本書所收墓誌銘，除官方的墓誌外，還收了一部分民間墓誌，以示兩者的區別。民間墓誌無官方規定，各式各樣，有青花瓷特小的墓誌，有陶盤墓誌，有瓷碗墓誌，還有磚質硃書墓誌等，且各具地方特色。

六、本書所收師友書信，時間限於藏主同輩。藏主的學生和年輕友人的書信，限於篇幅，未能收入。

七、本書各卷，專題性强，故特邀各項專家任特邀編輯，以使本書得到更好的編録。

八、本書所收藏品，除藏主的書畫外，以前均未結集出版。

寬堂謹訂
二〇一五年九月十五日

#《瓜飯樓外集》總目

目録

自序

我從小就喜歡篆刻，一九三七年抗戰爆發，我上小學五年級，學校停辦，我開始失學，在家種地放羊割草外，就自己讀書，也開始學習刻印。先是用銀杏木刻，後來覺得刻木頭没有意思，就改學刻石章，這樣一直繼續了好多年。

一九四三年我讀高一，到了無錫城裏，意外地遇見了老畫家諸健秋先生，他讓我跟他學畫，有空就去看他作畫。在此期間，我把我學刻的印章給他看，請他指教。他非常鼓勵我，并爲我介紹了一位老師，是上海的著名篆刻家汪大鐵先生。我把刻好的印樣寄去，請汪老師指教，汪老師就在我的印樣上批改，有的寫『好』，有的寫『很好』，還加雙圈，有的則用毛筆在我的印樣上作改動，有時還寫幾句話指點我。這樣，前後有一年時間，我也積存了一疊汪老師批改過的印樣。但我在無錫只耽了一年，因爲上不起學就回老家依舊種地放羊了。汪老師也始終没有見到，因我無力到上海去拜見。

回到老家後，我仍不斷學刻印，并且找到了幾種印譜，這時我除學刻印面外，又開始學刻邊款，我覺得刻邊款很有意思，就像畫畫以後的題字。一九四六年春，我考上了無錫國專，又到了無錫，并且在一家古玩店裏認識了篆刻家高石農先生，經常看他刻印，也看他刻邊款。我在無錫國專的三年，一直與高先生有交往。一九四九年四月二十二日無錫解放，我於二十二日夜在錫澄路上迎接過江的解放軍，二十三日一早，我即進城找到了部隊的組織，當天就報名參加解放軍，然後再回到我的工作單位江南中學，向孫荆楚校長説明我參軍的情況。孫校長十分支持我。後來，我又從部隊分配到無錫第一女中教書，在這一連串的變動中，我喜歡刻圖章的愛好一直没有變。

一九五四年八月，我被調到中國人民大學，教大一國文，後來又教中國文學史，一有時間我仍舊喜歡刻圖章，這時我已買到了一部原拓的《吴昌碩印譜》，又在蘇州買到了趙之謙的《二金蝶堂印譜》，還買到了西泠印社的多種原拓印譜，我對趙之謙痴迷之極，也喜歡齊白石的刻印，當然我對吴昌碩的愛好一如以往，而且臨摹了不少吴昌碩的印，也臨摹過齊白石和趙之謙的印。但後來因爲功課忙，實在没有時間刻印了，就漸漸荒疏下來。經過多次的『運動』，連我自己刻的印一方也没有保存下來，只有老藝術家張正宇先生爲我刻的圖章，上面的邊款全是我刻的。還有我爲紫砂大師周桂珍題的一首詩，我把它刻成三面邊款，單刀行書，也還保存至今，但此印的印面是很久後請熙春弟刻的。『事如春夢了無痕』，我總算還留着這一點點夢痕！

我雖然不再刻圖章，但是我的興趣又轉到收集古印上來了，因此逐漸收集到秦漢以來的古印約有五十餘枚。我還收到一些明清的名印，如陳曼生、楊龍石等的印。此外，我在新疆和田，還收到三枚動物形象印和圖案型的印，還有幾枚是維文類型的印，其文字還没有找到識讀的人。我收到的動物形象印，是很稀見的，其時代約在宋元或更前，因當時兄弟民族還没有文字，只好用動物形象來作標志。

由於我一直愛好篆刻，也熟悉了多位老篆刻家，如在琉璃廠的頓立夫先生，還有錢君匋先生、浙江的王京盦、上海的江成之先生等，當代的篆刻家則認識的更多，我也陸續請他們爲我刻了不少印章。現在我已過了九十歲了，我收集的這些古印和朋友們爲我精心刻的印章，不能被埋没掉，遂請熙春賢弟爲我編集成册。一以存古物，一以存友情。但是數十年來，也丟失了一些印章，還有被竊的。但在我心裏，這些印章和它所銘刻的友情，却不曾丟失，它永遠存在我的心裏。熙春賢弟爲編這部印譜，費了不少力氣，除了考察鑒定這些古印外，還對近現代的篆刻家一一作了簡介，使讀這部印譜的人如讀一部篆刻簡史，也如同看到我在篆刻界的交游録。我所見的印譜多矣，像熙春這樣認真的編法，却真是不多，爲此我不能不由衷地感謝他。要没有他的努力，這部印譜是不可能誕生的！

二〇一三年四月三日，農曆癸巳清明前一日於瓜飯樓

序

孫熙春

瓜飯樓主人寬堂馮其庸先生，以《石頭記》版本、文本、思想以及曹雪芹祖籍、家世研究名世。雖年逾九十，仍筆耕不輟；書房窗前，樹石峰，植古梅，以養烟雲。如果説學術是先生的生命，那麽藝術則是先生的生活方式。

馮其庸先生雖以紅學研究名世，然先生之治學不唯此一端，中國文化史、戲曲史、藝術史等方面的研究以及詩詞、書畫藝術的研究與創作均取得了後輩學人難以企及的成就。在學術研究中，馮其庸先生十分重視歷史文獻與碑石、出土文物的相互印證。如曹雪芹祖籍、生平的相關研究有碑石之證；《大秦景教宣元至本經》的研究以碑石爲基等。此外，玄奘東歸入境古道、吴梅村墓地的重建，先生均立碑以紀；對漢畫像石的重視與研究；對石窟藝術、佛造像石的痴迷；對觀賞奇石的搜求……凡此種種，不一而足。『與石訂交奇不厭，有梅作伴冷何妨』，先生之謂也。

《瓜飯樓藏印》選録了馮其庸先生治學之餘收集的古璽、古印，以及陳曼生以降三十餘位文人篆刻家的印作。在馮其庸先生的諸多『石』緣中，《瓜飯樓藏印》從一個側面展現了先生的『金石緣』。之所以説是一個側面，是因爲先生所購藏之古舊印譜，與諸多金石家之交誼以及爲他們的印譜撰寫的序文或評論文章在本書中是無法全面反映的。

關於使用璽印的記載，最早見於《左傳》襄公二十九年（前五四四年）：『公還及方城，季武子取卞，使公冶問，璽書追而與之』。這條記載説明在春秋中期，人們已經使用璽印封記文書了。而就實物而言，璽印的出現更早，經于省吾先生鑒定并收入《雙劍誃古器物圖録》有三方安陽出土的傳世古印，其中兩方後被李學勤先生考定爲商末之物。如果抛除信驗之印以及璽封制度下象征權力的璽印，那麽用於製作陶器的陶拍子『印』，則在新石器時代就已經存在了。

顧從德《集古印譜》鈐本證明早在明代已有古璽印的專門譜録，而古璽印的收藏與研究於清代乃逐漸興盛。晚清萬印樓主人濰縣陳介祺收古璽印并彙合當時各家所藏，拓爲《十鐘山房印舉》，多至一百九十一册，爲一時之盛；時吴大澂著《説文古籀補》，兼采及璽文，是爲古璽印文字見於著録之始。風氣所及，近現代學者羅振玉、王國維、馬衡、陳直，藝術家如黄賓虹、沙孟海等皆有著述。由此可見著名學者、藝術家對於金石之學的重視。應該説，璽印篆刻研究業已成爲文物學、文字學、藝術學研究的一個重要的分支了。

《瓜飯樓藏印》的選編兼顧了學術性與藝術性。是集收録的古印數量雖不多，但學術價值不可低估。試舉例説明。

圖録首頁之陶拍子，爲新石器時代物。此『印』呈蘑菇狀，拍面有花紋，柄處有穿，爲製陶工具，或是在陶器表面印製紋飾或族徽的『印』拍子。此陶拍子，形製與鄭州市大河村遺址出土的蘑菇狀陶拍子相類，可資學者深研。

是集收録的戰國時期的帶鈎印，包漿濃厚，此印面爲正圓形，闊邊細朱文，印文字口清晰。印文内容爲『鄭𦍌』。印文中的『鄭』字，爲典型的戰國文字，但較爲特殊的是，鄭字右部的『邑』字邊，省去上部的『口』，爲戰國璽印文字中僅見，值得相關學者重視。印文中另一個文字『𦍌』在古璽印中多見，僅《古璽彙編》中就有八個璽印中有此字，編號分别爲1267、1754、2021、3150、3763、3764、4053和5448，此字在《古璽文編》以及吴振武先生關於《古璽文編》的校訂文字中均未釋讀。許雄志先生的《鑒印山房藏古璽印菁華》中收録的第二十印（見該書圖文第一一頁左欄）亦有此字，釋爲『𦍌』，似不妥。另《藏印》中第一七頁之『[illegible]』亦爲新見之古字，亦有待相關學者釋讀。

馮先生還藏有古動物形象印如駱駝、野猪等動物及西域文字印數方，這都是他在新疆和田得到的，這也是古印中極少見的品類。

以上幾例，足證是集之學術價值。《瓜飯樓藏印》之藝術價值則更多地體現在文人篆刻上面。

陳曼生爲『西泠八家』之一，『洹陽張氏家藏書畫之印』爲陳曼生三十八歲時所刻，是其藝術面貌相對成熟時期的作品。陳曼生運刀嫻熟，雖以切刀法爲之，但却洗去了伴隨切刀法而易於出現的火氣，整枚印章氣度安閑静雅，耐人尋味。楊澥，號龍石，晚清篆刻名家，篆刻早年學浙派，後以秦漢爲宗，是集收録的『種玉堂』爲楊龍石五十八歲時所作，『種玉堂』三字并没有取用戰國文字，但在章法上采用的却是『闊邊細朱文』的古璽樣式，整枚印章很好地融合了文人流派印風與古璽印風，古拙而堂正。

提起石門老人張正宇，讀者往往首先想到的是他的書畫藝術和裝幀設計，很少人知道老人亦涉金石篆刻之道，是集選録了『瓜飯樓』等幾枚印章。張正宇篆刻作品全以學養爲之，『單刀直入』『印以書出』，結字、章法奇崛，展讀使人不忍釋卷。近代印人中，張大千對頓立夫有極高的評價，認爲他的印『明秀』（書卷氣）超過元人。頓立夫與馮其庸先生是知交，曾請馮先生爲他的印譜作序，并爲馮先生刻印多方，其中『馮其庸印』『寬堂隨筆』『瓜飯樓書畫』爲其代表作。是集中另一位可能不爲人熟知的印人是藍玉崧先生，他也是馮先生的至交。藍玉崧先生生前執教於中央音樂學院，授二胡，兼擅簫笛。他年輕時曾受業於黄賓虹、壽石工，於書法篆刻造詣頗深。是集所録的『楚銅館長』一印，印風亦如楚文化般的絢爛奇詭，迫邊構圖，四字筆畫自然穿插，古樸渾厚，讀之如面黄賓虹老之大篆書法，往來無迹。藍玉崧是一位奇人，與馮先生定交正是『文革』後期，他閑無所事，生活困難，居處迫仄，連一張書案都没有。他作書的方式聞所未聞，常令兒子彎背將紙鋪在背上作書，所以所書都是四五寸高的小卷，極少作大幅。他曾爲馮先生書《長恨歌》等長卷多件。他還有一個奇特之處，是常常二至三天才睡一覺。有一次到張自忠路看馮先生，已三天未睡，而略無倦容。後突患急病去世，令人痛悼不已。

當然，選録入是集的作者皆非凡輩，韓天衡、吴子建、劉一聞、王運天、王丹等諸先生均爲一時之俊杰，其藝術價值時人已有評判，此不贅言。本書所以稱《藏印》，是遵馮先生之囑，有印必録，以存友情。所以多寡不等，也是實情，非選多少之故。

我們可以把《瓜飯樓藏印》看成是一部簡明的中國篆刻藝術史。此外，讀者若細讀印文内容，會發現這裏還有馮先生的游學經歷，有馮先生的治學態度與主張，有馮先生的生活，也有馮先生的情感……

爲防止他人作僞，凡馮先生於書畫上常用、曾用之印，均不標注尺寸。囿於筆者的學識能力，《瓜飯樓藏印》編輯一定存在不少不足甚或謬誤之處，誠望讀者、專家指正。

濬水孫熙春謹序於益損齋北窗，時在癸巳重陽

原始陶拍印

001

蘑菇型陶拍印。新石器時代。此陶拍子呈蘑菇狀，柄上有穿。形製與鄭州市大河村遺址出土的蘑菇狀陶拍子相類。直徑116毫米，通高65毫米。爲製陶工具，在陶器表面印製紋飾或族徽的『印』拍子。

戰國秦漢印

002

印文爲『得志』。戰國成語印。銅質，鼻鈕。印面縱9毫米，橫9毫米，通高12毫米。

003

印文爲『之』。戰國璽印。銅質，鼻鈕。印面縱9.5毫米，橫9毫米，通高10毫米。

004

印文爲『鄭羋』。戰國璽印。銅質，帶鉤鈕。印面直徑12毫米，通高10毫米，帶鉤通長57毫米。

005

印文爲『[illegible]長』。戰國璽印。銅質，鼻鈕。印面縱10.5毫米，横11毫米，通高16毫米。

006

印文爲『[illegible]』。戰國璽印。銅質，臺鈕，鈕上有鼻。印面縱11毫米，横11.5毫米，通高11毫米。

007

印文爲『孫私璽』。戰國印。銅質，鼻鈕。印面縱11毫米，横11毫米，通高14毫米。

008

印文爲『□子』。戰國璽印。銅質，亭鈕。印面縱12毫米，横12毫米，通高23毫米。

009

印文爲『佑』。秦印。銅質，印身錯銀；權鈕，鈕上有鼻。印面直徑8毫米，通高16毫米。

010

印文爲『鄭痤』。秦末漢初私印。銅質，鼻鈕。印面縱8毫米，横8毫米，通高8毫米。

011

印文爲『原成臣』。漢初私印。銅質，橋鈕，有穿。印面縱10毫米，橫10毫米，通高7毫米。

012

印文爲『桓充之印』。漢代私印。銅質，瓦鈕。印面縱15毫米，橫15毫米，通高13毫米。

013

印文爲『惠□信印』。漢代私印。銅質，橋鈕。印面縱13毫米，横13毫米，通高12毫米。

014

印文爲『王武』。漢代私印，鳥蟲書。印身材質奇佳，但不能辨識，略如墨玉，包漿好。鼻鈕。印面縱14毫米，橫14毫米，通高10毫米。

015

印文爲『傅係』。漢代私印。銅質，獸鈕。印面縱18毫米，横18毫米，通高28毫米。

016

印文爲『田弘私印』。漢代私印。銅質，橋鈕。印面縱17毫米，橫17毫米，通高15毫米。

017

印文爲『陳□』。漢代私印。銅質，瓦鈕（殘）。印面縱16毫米，橫16毫米，殘高15毫米。

018

穿帶印，一面印文爲『□丞之印』，另一面文字不可辨識。漢代私印。銅質，印面縱17.5毫米，橫17.5毫米，厚5毫米。

019

印文爲『宋吉之印』。漢代私印。銅質，瓦鈕。印面縱19毫米，橫19毫米，通高16毫米。

020

印文爲『大利徐子真』。漢代私印。銅質，橛鈕（殘）。印面縱45毫米，橫15毫米，殘高27毫米。

宋元遼金西夏印

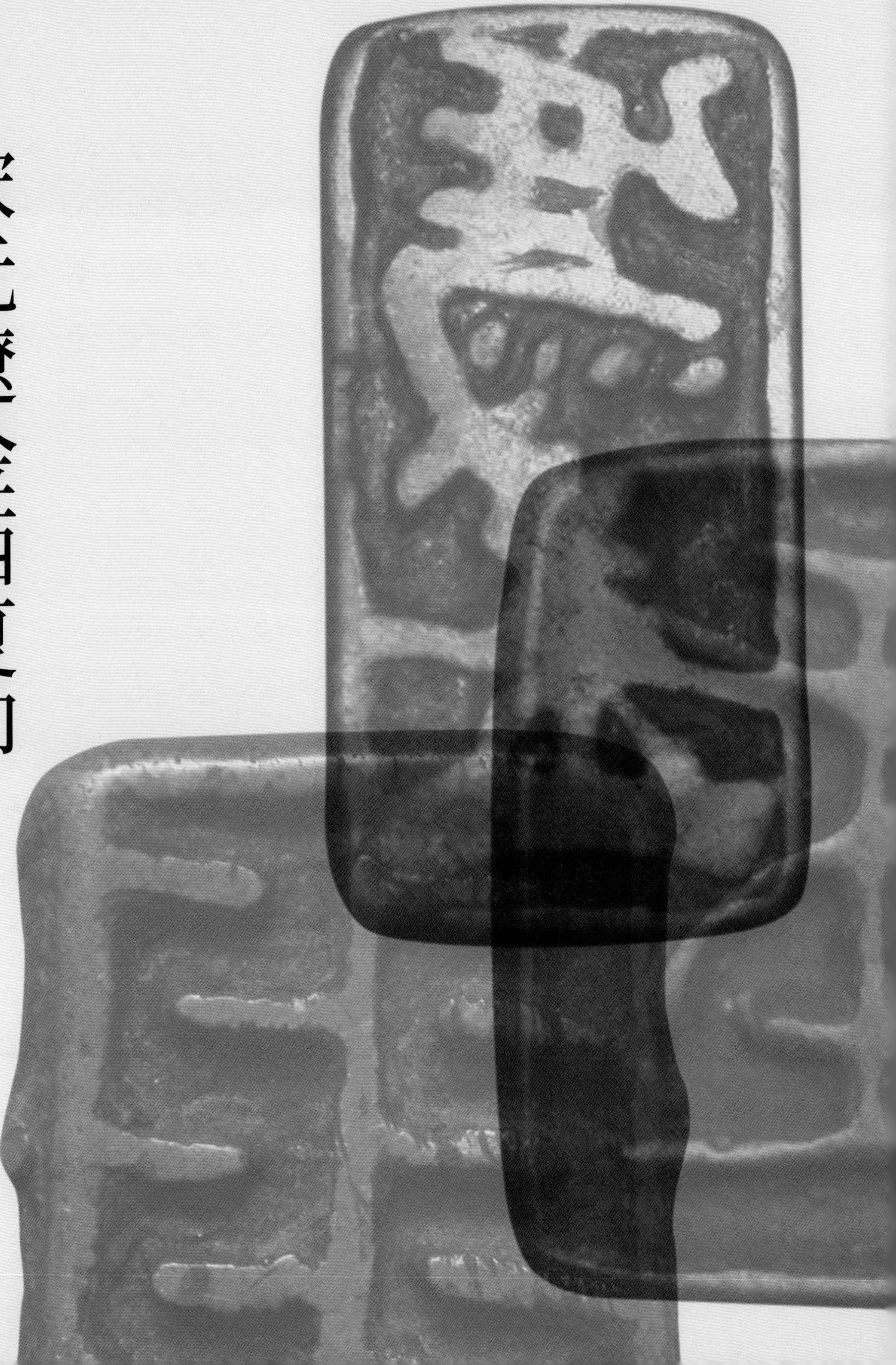

021

印文爲押。宋元時期。銅質，橛鈕，有穿。印面縱37毫米，横30毫米，通高19毫米。

022

印文爲『馮記』。元代私印。銅質，橛鈕，有穿。印面縱18毫米，横9.5毫米，通高10毫米。

023

印文爲『馮（押）』。元代私印。銅質，橛鈕，有穿。印面縱25毫米，橫13毫米，通高18毫米。

024

印文爲『馮記』。元代私印。銅質，橛鈕，有穿。印面縱19毫米，橫10毫米，通高10毫米。

025

印文爲『王（押）』。元代。銅質，橛鈕，有穿。印面縱23毫米，横13毫米，通高11毫米。

026

印文爲『林（押）』。元代。銅質，橛鈕，有穿。印面縱20毫米，横16毫米，通高12毫米。

027

印文爲『劉記』。元代。銅質，橛鈕，有穿。印面縱20.5毫米，橫10毫米，通高11毫米。

028

印文爲『□記（押）』。元代。銅質，橛鈕，有穿。印面直徑20毫米，通高15毫米。

029

印文爲『李辛』。元代。銅質，橛鈕，有穿。印面縱32毫米，横15毫米，通高15毫米。

030

印文爲『卍』字押。遼代。銅質，橛鈕（殘）。印面縱28毫米，橫17毫米，殘高18毫米。

031

印文爲『卍卐卐卍』。遼代。銅質，獸鈕，帶穿。印面縱21毫米，橫16毫米，通高22毫米。

032

印文爲『金』。遼金時期。銅質，獸鈕，帶穿。印面縱19.5毫米，横16毫米，通高21毫米。

033

印文無考。遼金時期。銅質，猴鈕。印面直徑28毫米，通高34毫米。

034

印文無考。遼金時期。銅質，獸鈕，帶穿。印面縱21毫米，橫18毫米，通高33毫米。

035

印文無考。遼金時期。銅質，鼻鈕。印面縱29毫米，橫24毫米，通高13毫米。

036

印文爲西夏文『官』字。西夏官印。銅質，橛鈕，有穿。印面直徑44毫米，通高13毫米。

西域印

037

肖形印（駱駝）。在和田所得。漢魏時期。銅質，鼻鈕。印面縱16毫米，橫16毫米，通高15毫米。

038

肖形印。在和田所得。宋元時期。銅質，鼻鈕（殘）。印面縱12.5毫米，橫12毫米，殘高8毫米。

039

肖形印。在和田所得。宋元時期。銅質，鼻鈕（殘）。印面縱12毫米，橫12毫米，殘高5毫米。

040

瓶形押。在和田所得，時代約宋元。銅質，橛鈕，有穿。印面縱26毫米，橫16毫米，通高14毫米。

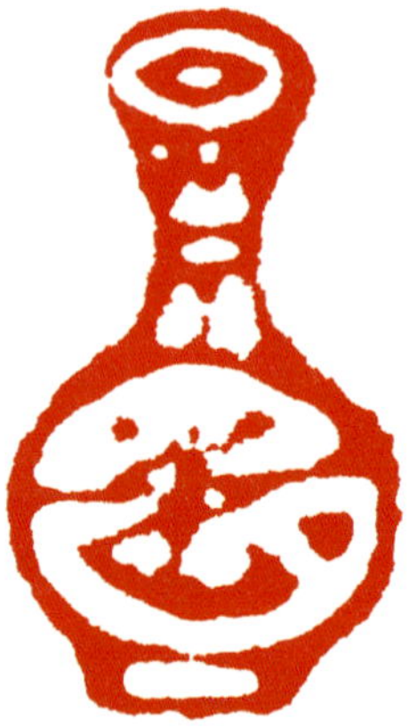

041

夔紋印。在和田所得。時代約宋元。橛鈕，有穿。印面直徑26毫米，通高10毫米。

042

印文無考。西部印，在和田所得。時代約宋元。銅質，橛鈕。印面直徑21毫米，通高10毫米。

043

印文無考。西部印，在和田所得。時代約宋元。銅質，橛鈕（殘），有穿。印面有八邊形界欄，直徑21毫米，殘高12毫米。

044

印文無考。西部印，在和田所得。時代約宋元。銅質，橛鈕，有穿。印面有八邊形界欄，直徑29毫米，通高12毫米。

045

印文無考。西部印，在烏魯木齊所得。時代約宋元。銅質，鈕呈柱狀，有穿。印面直徑25毫米。

046

印文無考。西部印，在烏魯木齊所得。時代約宋元。銅質，鈕呈柱狀，有穿。印面直徑30毫米，通高38毫米。

047

印文無考。西部印，在和田所得。時代約元或明清。銅質，橛鈕，有穿。

印面直徑43毫米，通高12毫米。

048

印文無考。西部印，在和田所得。時代約明清。銀質，嵌有珊瑚。鈕呈柱狀。印面長直徑30毫米，短直徑24毫米，通高35毫米。

049

印文無考。西部印，在和田所得。時代約明清。銀質，嵌有珊瑚。鈕呈柱狀。印面直徑38毫米，通高40毫米。

明清印

050

磏泉居士

生平未詳。約明代。

印文：卍蓮室印

款文：卍蓮室印。丁未仲夏，磏泉居士作。

051

陳曼生（一七六八—一八二二）

浙江錢塘（今杭州）人。本名鴻壽，字子恭，號曼生、曼壽、夾谷亭長、胥溪漁隱、種榆仙客、種榆道人等。陳曼生富收藏，酷愛紫砂壺，精篆刻，爲『西泠八家』之一。著有《種榆仙館集》《種榆仙館印譜》等。

印文：洷陽張氏家藏書畫之印

款文：同人三兄貽書索刻，忽促奉報，即以誌别後之緣，不更裁畣矣。嘉慶乙丑正月廿又八日，曼生并記。

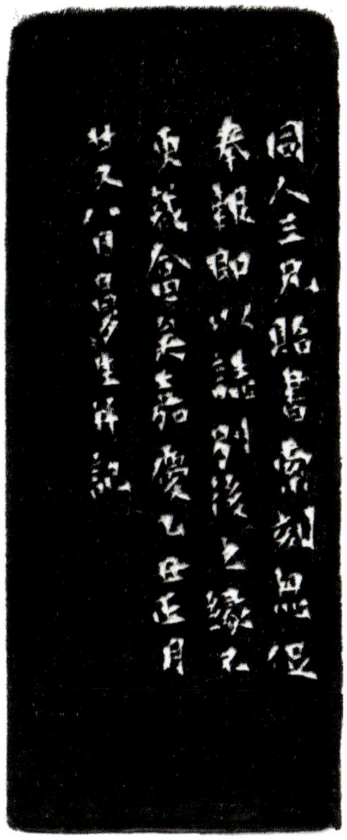

同人生兄屬書篆刻即正
我觀印以識别流云變
更篆金石壽盧心出之
廿八八月日芳生陳紀

052

楊澥（一七八一—一八五〇）

江蘇吴江人。原名海，字竹唐，號龍石，晚號野航、聾石、聾彭、聾道人等。晚清篆刻家，尤精刻竹，善治印。篆刻早年學浙派，後以秦漢爲宗，於金石、考據之學靡不精核。後人集其刻印成《楊龍石印存》。

印文：種玉堂

款文：戊戌七月廿又六日作于吴門寓齋。眉叔仁兄屬篆，吴江龍石。

拙道人昔喜填詞，自謂玉田裔孫。故以種玉名其堂，吴江楊叟鐫佳石爲贈，洵非草草，今道人已懺除綺語，雖堂名猶是，而蒲團□夾不異僧廬，獨叟之鐵筆精奇、流播□林，永堪輝耀于印史耳！丙午春仲吴嶦觀併識。

053

壽山

生平未詳。

印文：長樂

款文：庚申春日仿漢磚文，壽山爲承齋道長兄作。

現當代名家印

054

陳師曾（一八七六—一九二三）

名衡恪，字師曾，號朽道人、槐堂，江西義寧（今修水）人。晚清湖南巡撫陳寶箴孫，陳三立（陳散原）長子，陳寅恪之兄。曾留學日本，攻讀博物學。歸國後從事美術教育工作。善詩文、書法，尤長於繪畫、篆刻。著有《中國繪畫史》《中國文人畫之研究》《染倉室印存》等。

印文：樂翁
款文：師曾

055

張正宇（一九〇四—一九七六）

江蘇無錫人。別號石門老人。一九二八年與葉淺予創辦我國第一個專門刊載漫畫的畫刊《上海漫畫》。曾任中國青年藝術劇院的舞臺美術顧問，兼任《人民畫報》《美術》《戲劇報》編委，《解放軍畫報》《解放軍文藝》《中國建設》等刊物的美術顧問。曾參與著名大型動畫片《大鬧天宮》的美術設計。出版有《張正宇書畫選集》《張正宇書畫金石作品選》。本書中張印邊款均爲馮其庸先生補刻。

印文：瓜飯樓

款文：石門老人張正宇刻，時年七十又一。馮遲題邊。

伯駒英人張爰
常刻時年
大千
八十又一
丙辰遲

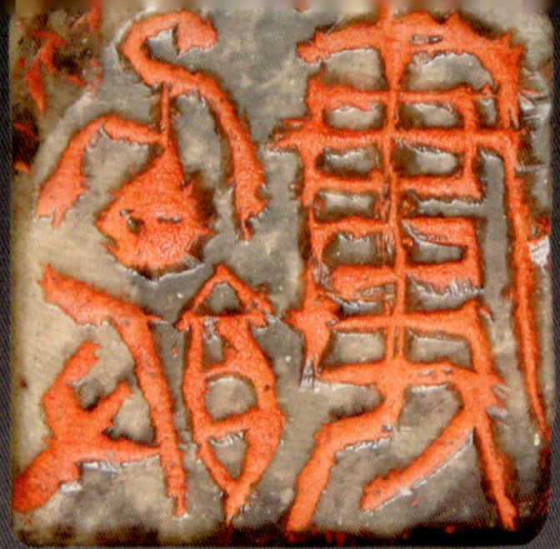

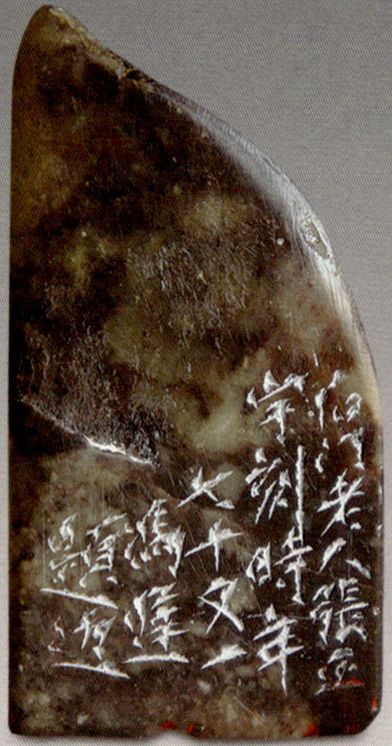

056

印文：瓜飯樓

款文：甲寅冬，石門老人爲予刻。馮遲。

057

印文：寬齋

款文：予居寬街之側，文丞相祠前，中山故居之左，鐵獅子胡同一號，紅一樓丁組九號。題其額曰『瓜飯樓』，又題曰『寬齋』，并求石門老人製印。馮遲記。

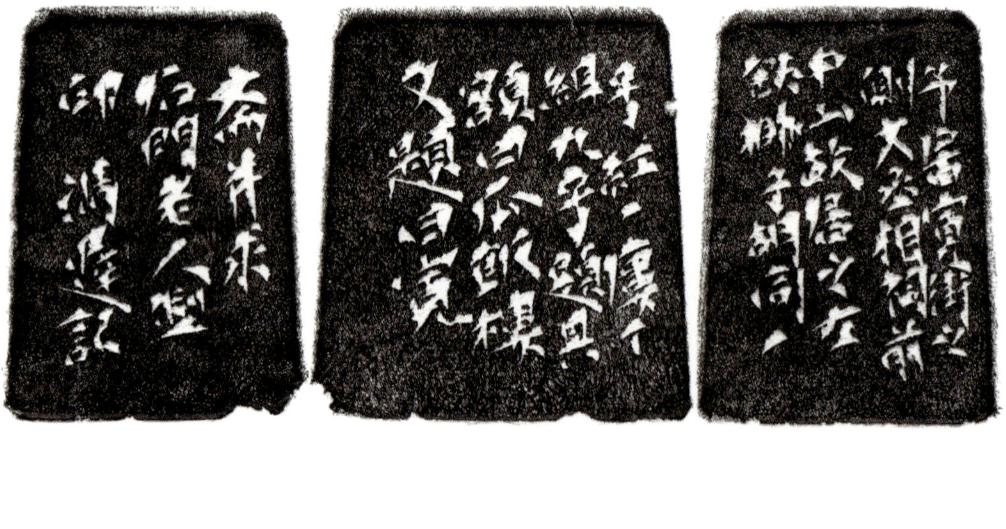

058

印文：超以象外

059

頓立夫（一九〇六—一九八八）

河北涿縣人。名群，字立夫、歷夫，晚號愜叟。篆刻師從王福庵。西泠印社社員，中國書法家協會會員，中國書法家協會北京分會理事。一九三九年張大千曾作《松蔭高士圖》贈與立夫，題款云：『立夫爲予治印十數方，直追元人明秀，當令文、何失色也。』著有《頓立夫治印》。

印文：瓜飯樓書畫

款文：其庸大方家正刻。庚申初伏，立夫作，時年七十三。

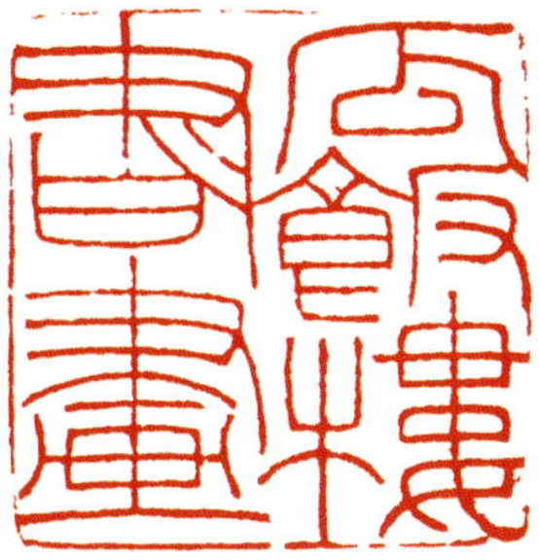

其庸大方家正刻
庚申初伏左夫作
時年七十三

060

印文：馮其庸印

款文：立夫爲其庸先生作。

061

印文：寬堂隨筆

款文：其庸先生正之。立夫作，時年七十三。

062

錢君匋（一九〇七—一九九八）

浙江桐鄉人。原名錦堂，字玉棠。後更名涵，以字行。號豫堂。曾任西泠印社副社長、上海文史研究館館員、君匋藝術院院長。出版有《魯迅印譜》《錢君匋印存》《君匋印選》及《海月庵印剩》《無倦苦齋印剩》《君匋書籍裝幀藝術選》等，編藏印成《豫堂藏印》甲乙兩集、《叢悴堂藏印》，并與葉潞淵合著《中國璽印源流》，有日譯本。

印文：瓜飯樓

款文：己未冬至，君匋作。

063

高石農（一九一六—一九八八）

江蘇無錫人。又名惜文，室名度雲樓、耕石廬。書法、篆刻家。西泠印社社員，中國書法家協會會員，中華全國書法教育學會特邀顧問，無錫市書法藝術專科學校副校長、代校長。

印文：薊門旅子

款文：遲兄原籍梁溪，旅京工作有年，因制斯印。石農于二泉。

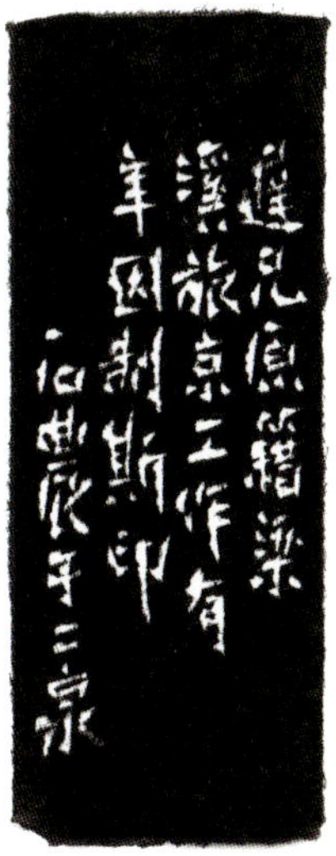

064

王京盙（一九二二—一九九六）

原籍浙江鎮海，生於杭州。字勁父，號澄翁、鐵翁。書法、篆刻得韓登安啓蒙，後從王福庵游。西泠印社社員。有《王京盙書法篆刻集》行世。

印文：馮其庸印

款文：一九八六年十二月十九日爲其庸先生製。杭人王京盙。

一九八六年
十二月十九
日爲
其庸先生
製杭人
王京盙

一九八六年
十二月十九
日為其霈先生
製於人
王京盦

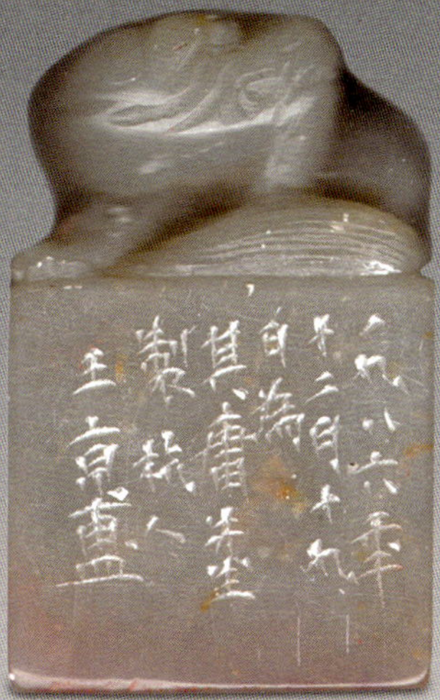

065

印文：寬堂

款文：其庸先生正刻。丙寅十一月十八日，王京盙。

066

江成之（一九二四—二〇一五）

生於浙江嘉興。名文信，字成之，號履庵，別署亦静居。師從王福庵，一九四七年入西泠印社。出版有《江成之印存》。上海書店出版社『明清篆刻家叢書』特約編輯，整理編輯了《丁敬印譜》《趙之琛印譜》《錢松印譜》。

印文：荷鍤翁

款文：古津兄屬刻。甲寅秋日，成之治印。

古翁題其庸畫葡萄云：天工開物此雲腴。得共糟床注酒壺。萬劫風飄吹不落，青藤畫裏買明珠。家兄阮堂（江辛眉）謂其詩絶妙，題其後云：讀罷君詩有所思。滄浪標格是吾師。青藤畫裏明珠句，輸（看）着羚羊挂角時。亦为古翁所賞嘆。阮堂與翁交最善，因附刻于石側以志墨緣。成之又記。

067

印文：馮其庸印

款文：其庸吾兄赴美講學歸來，作此以志紀念。庚申秋日，成之拜記。

068

印文：寬堂

款文：其庸吾兄正篆。庚申十月，成之刻。

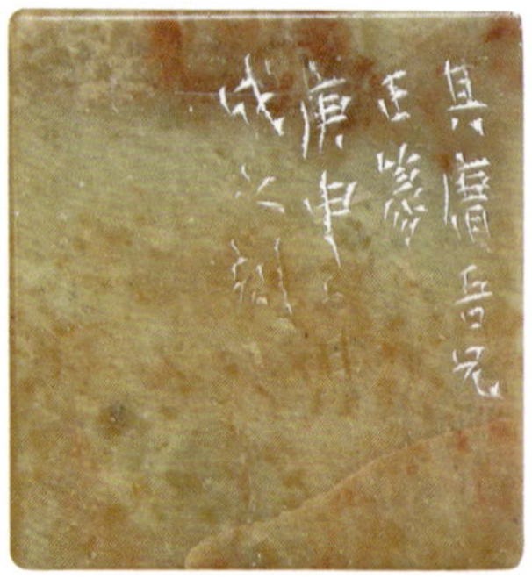

馮其庸（一九二四—二〇一七）

江蘇無錫人，一九四八年畢業於無錫國學專修學校，一九四九年四月參加解放軍，一九五四年八月調中國人民大學任教，一九八六年調中國藝術研究院任副院長，一九九六年離休。馮其庸早年喜治印，初學吳昌碩，後學趙之謙，後因專注於學術研究，復因目疾，遂不復治印，早年所治印均散失，僅存此最後所刻之三面邊款，以作紀念。

069

款文：長空萬里一輪圓。憶得荆溪寒碧仙。我欲乘風歸去也，庚桑洞外即藍田。寒碧主人鑒正。戊辰冬日，宗〔一〕刻。

【注釋】

〔一〕『宗』爲馮其庸先生原名『宗炎』的簡稱，此爲先生留存下來的唯一早期單刀行書刻款。

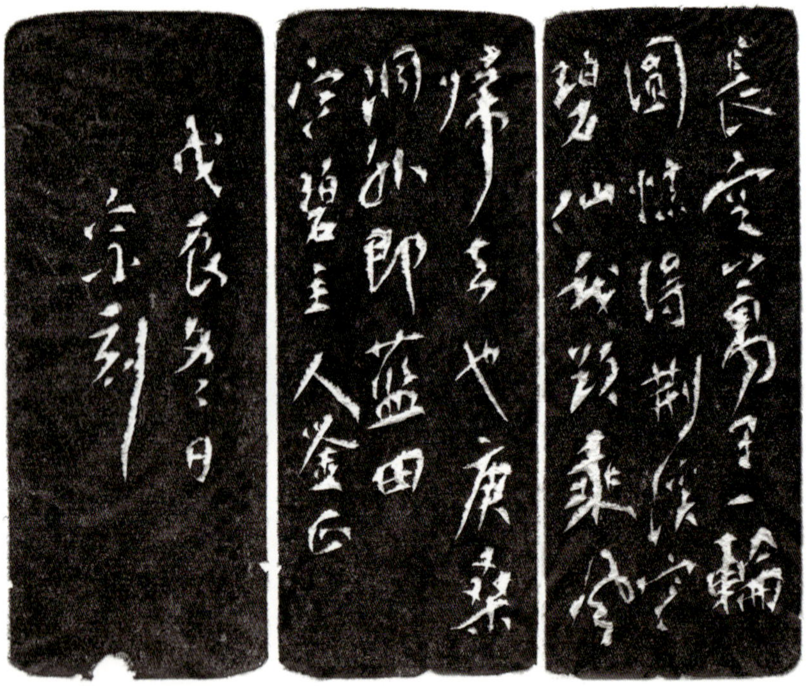

070

藍玉崧（一九二五—一九九六）

生於北京。號石灾。著名音樂史學家，民族器樂教育家，金石、書法家。青年時期酷愛文學藝術，受業於黃孝紓、黃賓虹、壽石工。曾任中央音樂學院民樂系副主任、音樂學系主任、院美術委員會副主任。著有《中國古代音樂發展概述》《藍玉崧書宋詞小楷》《藍玉崧書法集》等。

印文：楚銅館長

款文：其庸兄大雅正瑑。戊午，石灾。

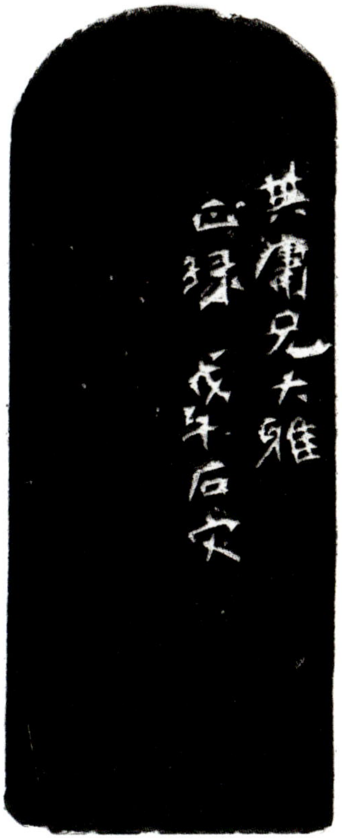

英濤兄大雅
戊午石安

071

康殷（一九二六—一九九九）

祖籍河北樂亭，生於遼寧義縣。字伯寬，別署大康。古璽印專家、篆刻家、書畫家。曾爲中央文史研究館館員、首都師範大學研究員、中國書法家協會理事、北京印社社長。一九五八年開始編輯《印典》，歷經四十年始成，獲國家圖書獎。

印文：瓜飯樓

款文：其庸先生正瑑，大康。

072

甘桁（一九三九— ）

生於上海，廣東中山人。號石子，别署甘珩，齋名石止居、晴樓、瓦室。朱孔陽弟子。上海棠柏印社副社長、上海民建書畫院顧問。印有《石止居朱痕墨迹絮語》。

印文：都云作者癡

款文：八十八翁雲間朱孔陽篆，中山甘珩刻。『都云作者癡』，曹雪芹句也。

073

印文：馮其庸印

款文：其庸先生屬。八十八翁雲間朱孔陽〔一〕篆，中山甘珩刻。

【注釋】

〔一〕朱孔陽（一八九二—一九八六），曾用名朱既人，上海松江人。曾任金陵大學滬校教授，上海文史館館員。著有《名墓誌》《分韵古迹考》《分韵山川考》等。

074

韓天衡（一九四〇—　）

生於上海，祖籍江蘇蘇州。號豆廬、近墨者、味閑，堂號百樂齋。現爲上海中國畫院藝術顧問，西泠印社副社長，上海吴昌碩藝術研究協會會長，上海交通大學教授，中國藝術研究院中國篆刻藝術院院長。有《中國篆刻藝術》等四十餘種著作。所著《中國印學年表》獲全國首届辭書評比三等獎。

印文：寬堂

款文：寬堂仁丈法論。辛卯春，天衡。

寬仁法平吉祥
堂輪卯街

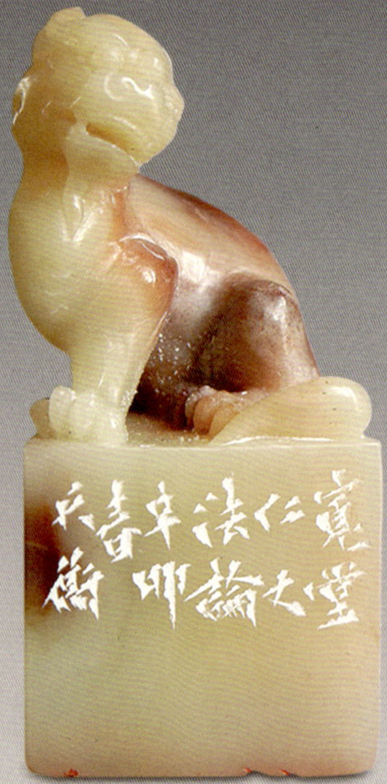

075

王少石（一九四〇— ）

安徽宿州人。原名秉傑，號睡翕、紅樓印痴、石叟等，齋號紅樓百印齋、黄石軒、九硯樓、三緣堂、百宋齋等。現爲安徽省文史研究館館員，安徽省書法家協會藝術顧問。參與編撰《中國書法鑒賞大辭典》。

印文：癡人説夢

款文：其庸先生《夢邊集》成，屬余題刻，因思昔米顛愛石成癖至見石而拜，人以爲痴，其實情之真也。先生之於《石頭記》，猶米顛之於石乎！因爲刻『痴人説夢』四字記其真也。皖人王少石題并刻於宿州。

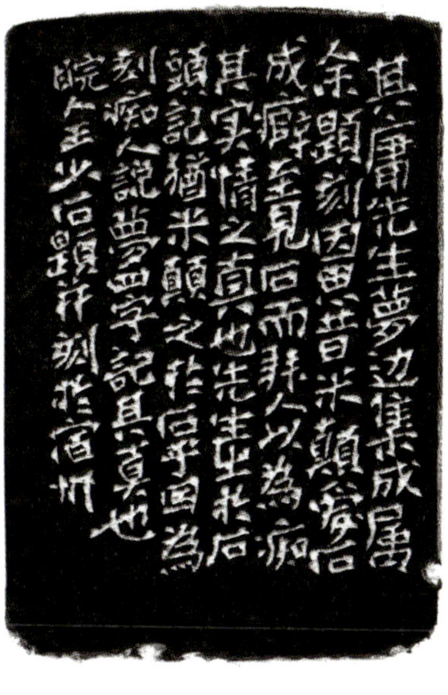

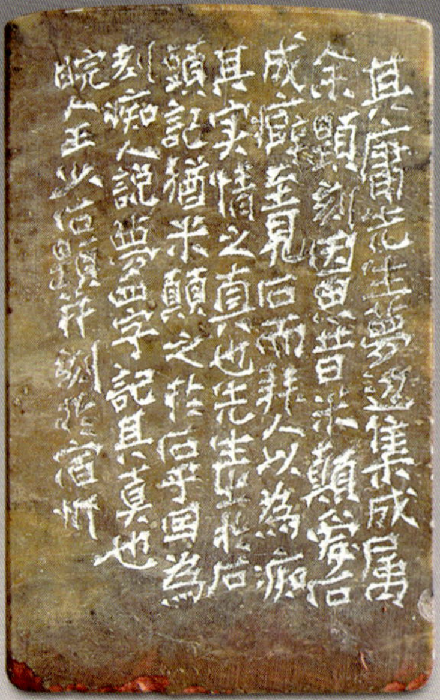
其庸先生夢邊集成屬
余頫刻因留昔米顛愛石
成癖至見石而拜人以為癡
其實情之真也先生亦於石
顛記猶米顛之於石乎因為
刻癡人說夢四字記其真也
皖人王少石頫首刻於宣州

076

印文：一笛秋風

款文：其庸先生《秋風集》成，囑刻此印。丙寅秋暮，皖人王少石記於黃石軒。

此印可與二金蝶堂印竝稱。其庸題。

077

印文：天風海雨樓

款文：天風海雨飽曾經。又作輕舟萬里行。濁浪排空君莫怕，老夫看慣海潮生。其庸先生《感事詩》，屬余治印并云：『須筆挾天風海雨之勢始能当。』余今放胆縱刀，不知能当先生之意否？癸亥五月刻於宿州，睡盦王少石記。

078

印文：石癡

款文：己丑，少石。

079

印文：苦瓜墨禪

款文：丁亥十月刻於三緣堂，少石。

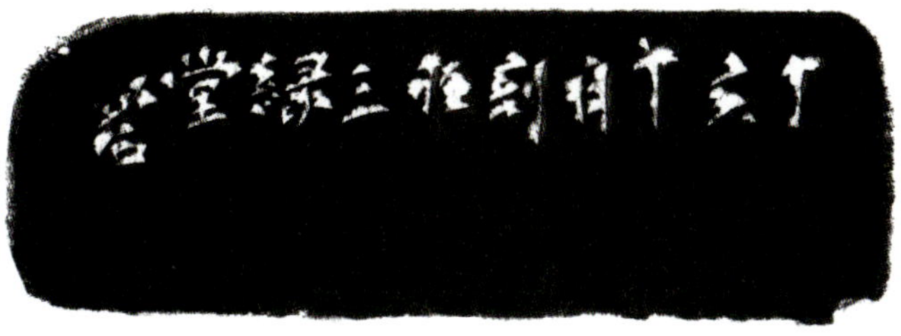

080

祝竹（一九四二—　）

江蘇揚州人。原名廷順，字竹齋。現爲南京印社理事、江蘇省甲骨文學會理事。出版有《中國篆刻史》《祝竹印譜》《漢印技法解析》等。曾參與點校《嘉定錢大昕全集》等古籍。

印文：饑來驅我

款文：錢叔蓋僞刻，寬堂夫子命磨去重刻『饑來驅我』四字，天下知夫子之飽學，不知夫子之饑也。壬午八月，邗上祝竹并記于竹齋。

081

印文：大癡

款文：寬堂道長命刻。己巳十月，祝竹。

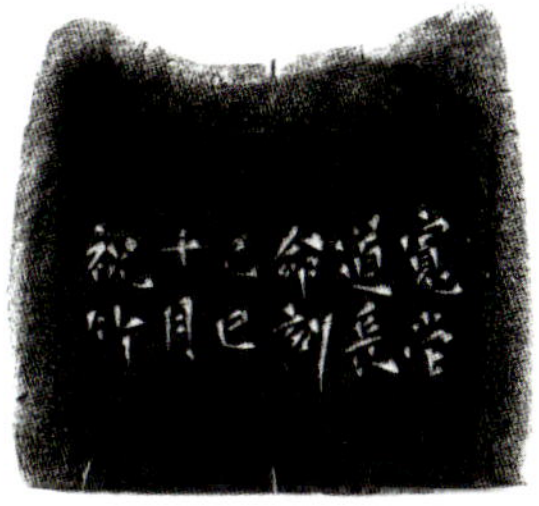

082

印文：老去填詞

款文：寬堂老師教正。壬午八月，祝竹。

083

印文：少同淵明乞食

款文：寬堂夫子出句命刻。乞字《説文》同气。壬午秋，祝竹并記。

084

印文：寬堂餘事

款文：寬堂先生命作。丁卯二月，祝竹。

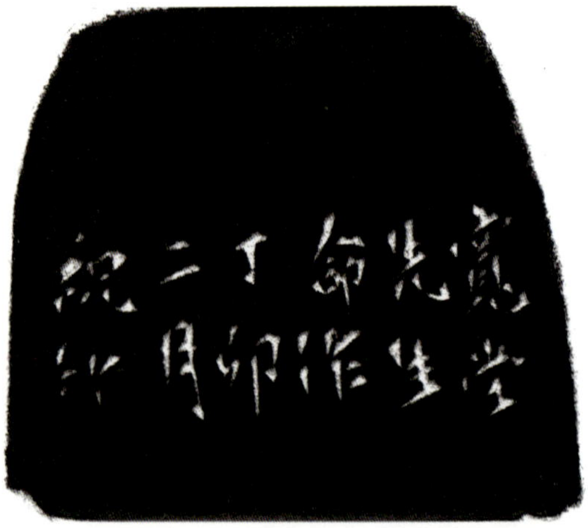

085

印文：覺來天涯行遍

款文：東坡句，刻奉寬堂師。祝竹。

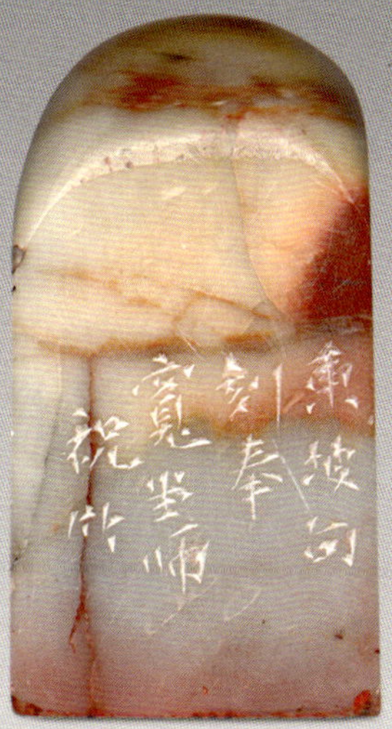

086

陳復澄（一九四三— ）

生於重慶，祖籍江蘇江陰。對外經濟貿易大學教授。曾師從徐中舒先生攻讀古文字學。參與編撰《甲骨文大字典》《商周金文集録》等書，出版有《陳復澄書法藝術作品集》等多種書法篆刻專集。

印文：連理纏枝梅花草堂（紫砂印）

款文：寬堂先生吾師屬正。戊子冬月，復澄刊印。

087

印文：橫絶流沙

款文：西行萬里到邊州。一宿戍樓百感稠。窗外繁星疑入户，枕邊歸夢繞紅樓。平生行役今稱最，他日相逢話昔遊。明早揚鞭縱馬去，直奔哈八過灘流。録馮其庸先生詩。己卯秋月，復澄刊石。

088

印文：橫絶太空

款文：己卯秋月，余至通州拜謁馮其庸先生并呈書法作品集以求教，先生見集中篆書『橫絶太空』，即述自己登帕米爾高原最高處之平生快意事，并屬以此四字刊印，返京後刊成以奉并乞教正，不知可得先生中意否。復澄記於北土城。

089

熊伯齊（一九四四— ）

生於四川成都。又名光漢，號容生、天府民。西泠印社理事、西泠印社篆刻創作研究室主任，中國書法家協會理事、中國書法家協會篆刻專業委員會副主任。有《熊伯齊印選》《熊伯齊書法集》行世。

印文：五石軒

款文：廖廬同志出石屬爲其庸同志刻齋名，伯齊。

090

童衍方（一九四六— ）

浙江寧海人。號晏方，別署寶璧齋、愛竹廬。師從來楚生。現爲上海中國畫院畫師，西泠印社副社長兼鑒定與收藏研究室主任，上海書法家協會副主席。出版著作有《童衍方印存》《來楚生先生的書畫篆刻藝術》等。

印文：寬堂長壽

款文：寬堂先生屬刻即乞正腕。童衍方刻石并記之。

091

吴子建（一九四七— ）

生於上海，祖籍福建閩侯。原名起，早年曾署志健、遂平，室名長屋、從因樓。篆刻作品無論朱白文均『直以刀刻之』（謝稚柳語），其鳥蟲篆尤爲世所重。有《吴子建印集》行世。

印文：九十後作

款文：壬辰十一月呈庸丈文席。建。

092

印文：纏枝古梅

款文：壬辰，子建作。

费名瑶（一九四八— ）

生於浙江寧波，現居上海。西泠印社會員，上海文史研究館館員。出版有《費名瑶印痕》《游刃金石——費名瑶印痕》等作品集。

印文：看盡龜茲十萬峰

款文：『看尽龜茲十万峯，始知五岳也平庸。』敬刻馮老佳句。晚輩費名瑶于上海。

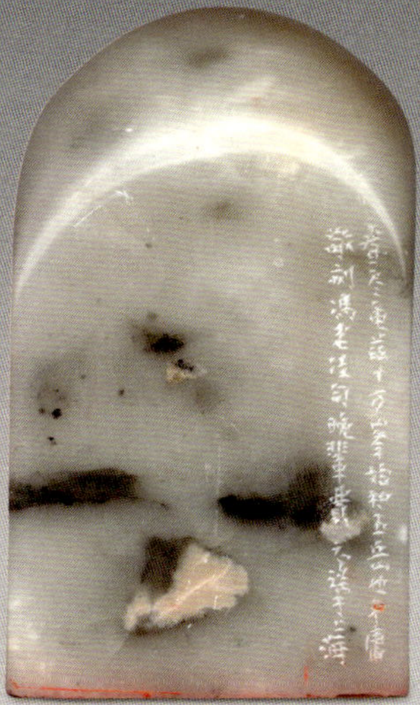

094

印文：瓜翁墨禪

款文：仿二鈞汝堂印風，爲馮老先生刻『瓜翁墨禪』，拜請先生賜教。戊子五月，晚輩名瑤。

劉一聞（一九四九— ）

生於上海，祖籍山東日照。原名劉滬聲，齋號別部齋、得澗樓。現爲上海博物館研究員、中國書法家協會篆刻藝術委員會委員、西泠印社社員。出版有《劉一聞印稿》《別部齋朱迹》《中國印章鑒賞》《一聞藝話》等。

095

印文：樂翁

款文：樂翁一印，爲庸丈徙居京都紅廟後得之於勁松地肆，是印爲修水陳衡恪篆刻，印作古樸安雅，尤適用於起首押角。今以此兩字復為作印，未審意下可翫不。戊寅年春，一聞。

096

印文：樂翁長壽

款文：樂公諟正。一聞呈。

097

印文：墨翁

款文：庸丈近得清范旹（時）繹雍正五年進貢特製墨錠，因屬此刻。丁亥元宵，一聞。

098

印文：萬象縱横不繫留

款文：此宋人辭句，庸丈喜其灑脱不羈意，并作書畫之助，屬刻。丁丑中秋前，海曲劉一聞於滬西新寓。

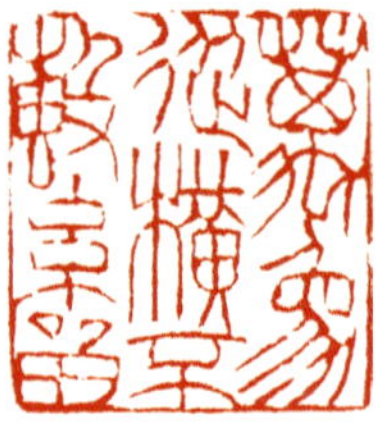

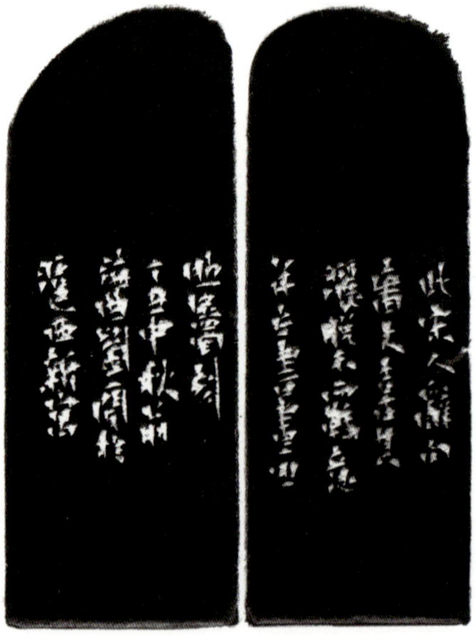

099

印文：布衣青衫故吾

款文：寬翁出句屬刻即正。丁丑春，一聞。

100

王運天（一九五一— ）

生於上海，浙江杭州人。師從王蘧常。曾先後任職於上海書畫出版社、上海博物館。編著有《王蘧常書法集》《上海博物館藏歷代花鳥畫精品集》《王京盙書法篆刻集》等，有《旋乾齋書法篆刻集》行世。

印文：寬堂

款文：一九九八年三月廿一日，運天效撝叔法報寬師訓正。

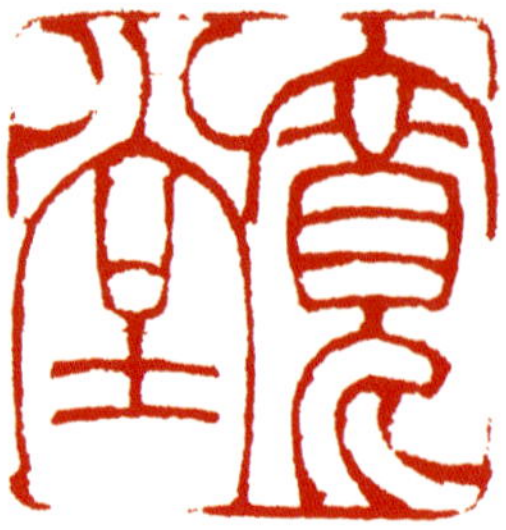

101

印文：馮其庸印

款文：余承家學，于十年前常治印以自遣，近來鐵筆荒疏，不復成印，而寬師竟不以我不弃，居然夢（原文如此）余刊石，非君子不能也。戊寅春分大雪之旹（時），予刊對章，不計工拙，以報吾師之恩。運天敬爲之記。

102

印文：醉裏狂言醒可怕

款文：一九九三年三月十日，運天。

103

印文：大千俱是夢中人

款文：寬堂吾師督教。丁卯，運天。

104

印文：誰解其中味

款文：誰解其中味。甲子，王運天刻。

105

印文：隔花人遠天涯近

款文：隔花人遠天涯近。甲子，王運天刻。

106

印文：大癡

款文：寬師督教。庚午元月廿一，瑗師弃我一百一十四日，運天泣作。温潤醇厚如漢玉印，寬師賞評。

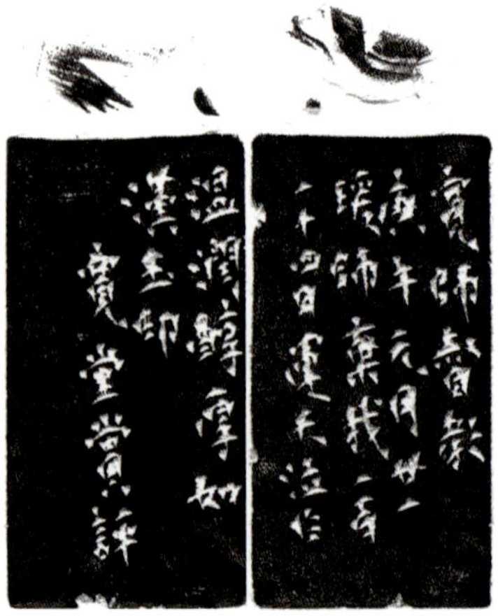

107

印文：且住草堂

款文：已邀明月成三友，且與梅花住一山。寬師屬，運天刻，旹（時）乙亥。

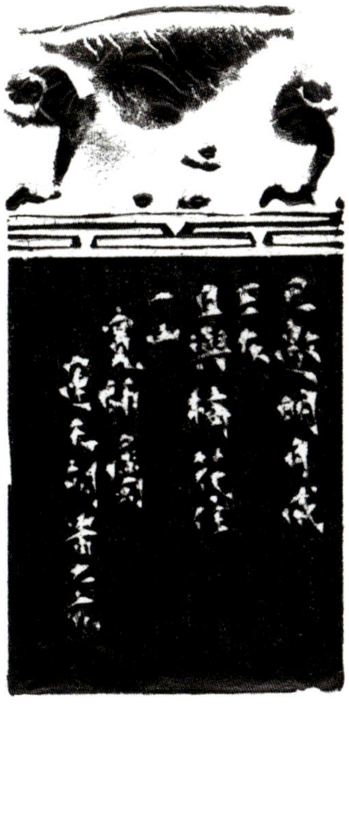

108

印文：種瓜得瓜

款文：運天刻。

109

印文：雪硐上人

款文：丁卯歲末，運天刻於瓜飯樓。

110

印文：歸來文字帶芳鮮

款文：一月不聞寬師聲音，月前命刻，乞教。己卯五月，運天孤獨於紐西蘭。

111

印文：天風海雨樓

款文：『天風海雨飽曾經。又作輕舟萬里行。濁浪排空君莫怕，老夫看慣海潮生。』寬堂先生《癸亥感事詩》也。丁卯歲末，運天過京，宿七省招待所時作，並請寬師正刻。

112

印文：一肩風雪萬里流沙

款文：寬師過滬屬刻，乞教。辛未，運天。

113

印文：馮其庸印

款文：爲寬師書畫集刊第二印。乙酉，運天。

114

印文：樓蘭歸來

款文：爲寬師書畫集刊第三印。乙酉，運天。

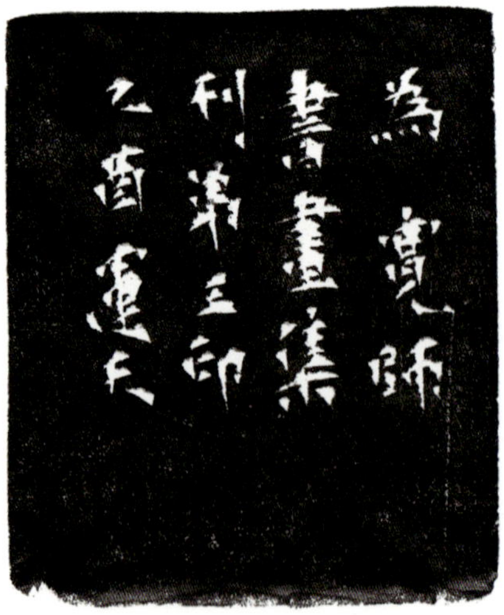

印文：流沙萬里行腳

款文：癸酉運天刻請寬師正刀。
秣陵春老意遲遲，又是江頭離別時。莫負天涯行客意，清風明月總
相思。其庸先生屬。左黃。

116

印文：十八帖館

款文：王瑗老新作十八帖以貽寬堂先生，予爲作印記之。己巳新秋，時客瓜飯樓，運天。

117

印文：瓜飯樓校紅印記

款文：廿載校紅事已癡。个中甘苦阿誰知。多公一幅名山圖，持向蒼蒼問硯脂。
年來老眼已漸花，看字飛蝱黑影遮。一語校定浮大白，風前落葉忽新加。
寬堂先生校定《八家評批紅樓夢》自題，屬予刻石以紀歲月并乞督教。己巳年己巳月，杭人王運天敬刻并記，時同客滬上。

廿載校紅事已墟
个中甘苦阿誰知
多公一幀名山圖
持向蒼茫問胭脂

年來老眼已衞斜
看字飛蚊黑影遮
一語校定曾大白
風吹華萼忽新加

賣堂先生屬定一窠詩批
紅樓夢向題屬寫于剡
白城匑盦自校音教
己未年校人生渡大
敬刻并記時同客滬上

118

王丹（一九六三— ）

生於遼寧錦州。號易齋。西泠印社社員，中國書法家協會副主席，遼寧省書法家協會名譽主席兼篆刻委員會主任，錦州市文聯副主席，錦州畫院院長。有《王丹篆刻集》（日本出版）、《王丹篆刻選集》、《王丹中國印・陶瓷印・書畫作品集》行世。

印文：寬堂長生日利（陶印）

款文：易齋製陶。

119

印文：馮其庸長安日利（陶印）

款文：易齋。

120

蔡毅强（一九六五—二〇二一）

生於上海。字弘齋，別署静怡齋、懷玉堂。受業於安持（陳巨來）傳人徐雲叔先生。西泠印社社員、中國書法家協會會員。

印文：雙芝草堂

款文：其庸尊宿大教。毅强擬元朱文印式，時癸未歲暮於滬寓静怡齋南窗。

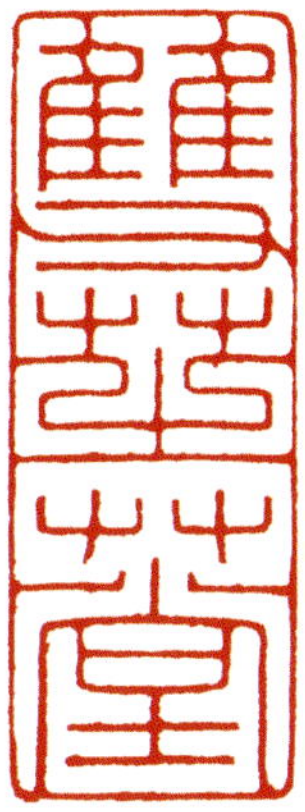

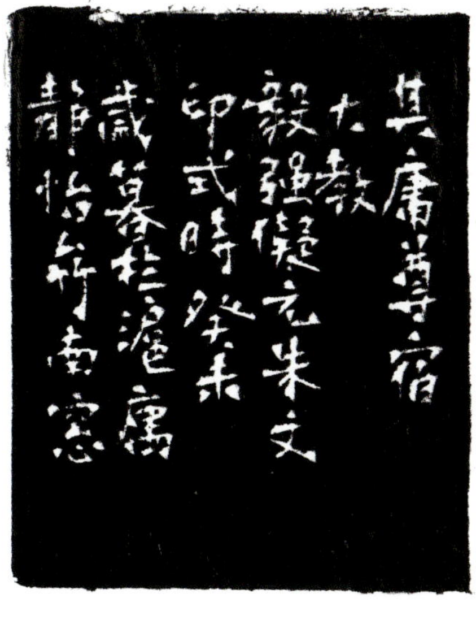

121

印文：解蔽軒

款文：解蔽軒主人清賞。毅强作於滬。

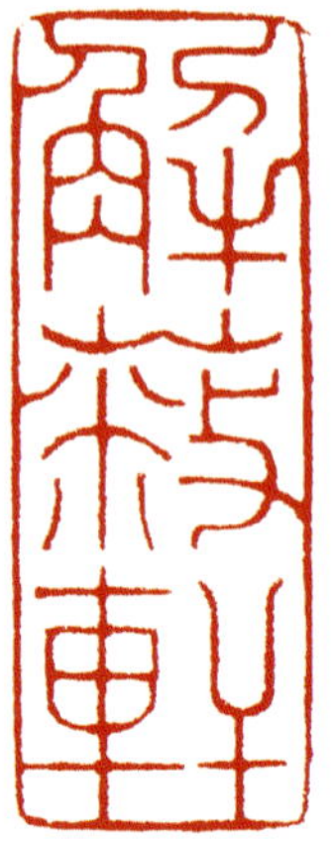

122

印文：梅翁

款文：其庸先生教篆。毅强刻石。

123

印文：老去填詞

款文：其庸教授囑刻，即請大教。蔡毅强於静怡齋，壬午秋。

124

周南海（一九六七— ）

湖北荆州人。字度之，號容堂。長於以玉石、水晶、瑪瑙、翡翠等材質治印。出版有《陸離集》，即《周南海異材篆刻》。周南海爲馮老所治印章，都是古玉及水晶、瑪瑙等材質。

印文：曾經羅布泊、樓蘭、龍城、白龍堆、三隴沙入玉門關到敦煌

款文：寬堂足迹。度之。

125

印文：馮其庸之璽

款文：寬堂老人斧正。辛卯冬，度之敬刻。周。

126

印文：拜石翁

款文：辛卯菊月，度之攻玉。周。

127

印文：拜石山房

款文：辛卯金秋之吉，周南海刻。

128

印文：寬堂九十後作

款文：辛卯秋，周南海攻玉於深圳。周。

印文：石破天驚山館

款文：辛卯秋，周南海於深圳。

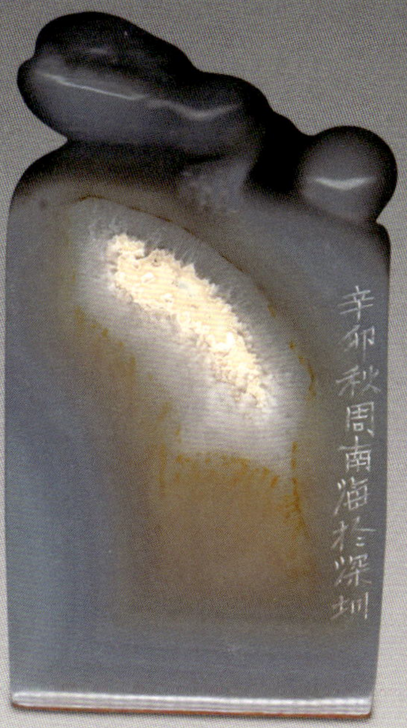

130

印文：寬堂長壽

款文：辛卯，度之攻玉。

131

印文：三上崑崙之頂

款文：辛卯菊月刻，應寬堂老人之囑，即乞正教。度之周南海於深圳。

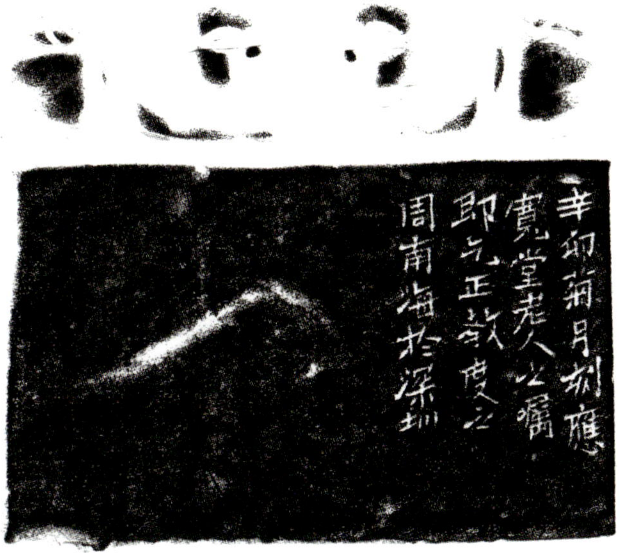

辛卯菊月刻應
寬堂老人之囑
即乞正教使之
周南海於深圳

132

孫熙春（一九七一— ）

生於瀋陽，祖籍河北撫寧。字陶父，别署益損齋主人。現任職於瀋陽大學中文系。中國書法家協會會員、遼寧省美術家協會會員、瀋陽文史館研究員。參與編撰《中國藝術百科辭典》與《瓜飯樓叢稿》之《瓜飯樓文集》等，著有《楹聯藝術》《益損齋印痕》《孫熙春金石書畫作品集》。

印文：古梅老人

款文：歲在甲申，熙春刻石。

舊款：敬老人記于硯林。

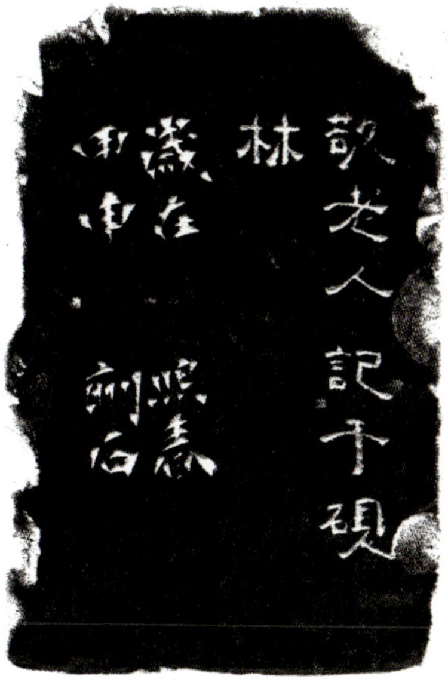

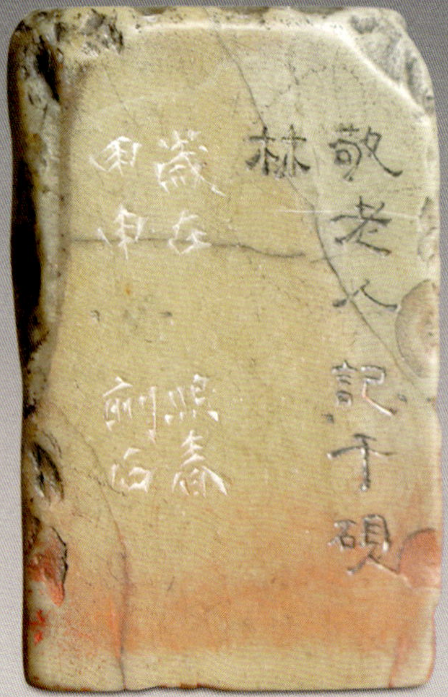
敬老人記于硯林
歲在甲申
照春刻石

133

印文：平生百劫千難後

款文：寬堂恩師屬篆。戊寅元宵，熙春製。

134

印文：依然青衫舊布衣

款文：馮老雅令。丁丑年，熙春於京華瓜飯樓。

135

印文：衰年作畫僧

款文：丁亥大寒，熙春刻石。

136

印文：雙藤花館

款文：熙春製。

137

印文：馮其庸印　寬堂九十後

款文：寬師長壽。壬辰，灊水熙春敬製。

印文：寬翁八十三歲三上崑崙之顛宿樓蘭羅布泊龍城經白龍堆三隴沙入玉關至沙洲

款文：寬師八十三歲行脚命熙春刻。丙戌初春於古梅書屋。

139

印文：此身合是詩人未

款文：濬水熙春製。

140

印文：馮其庸印　寬堂　樂翁

款文：熙春。

141

印文：瓜飯翁

款文：以白石翁法爲寬師作。丙戌，熙春。

142

印文：墨禪齋

款文：丁亥小除夕，寬師八十六歲華誕。熙春刻。

143

印文：梁溪老農

款文：熙春製。

144

印文：瘦碧詞人

款文：熙春。

舊款：己丑春月，西菴。

145

印文：肖形印（雙鳳）

款文：己丑年七月初七，瀋水熙春客京華。

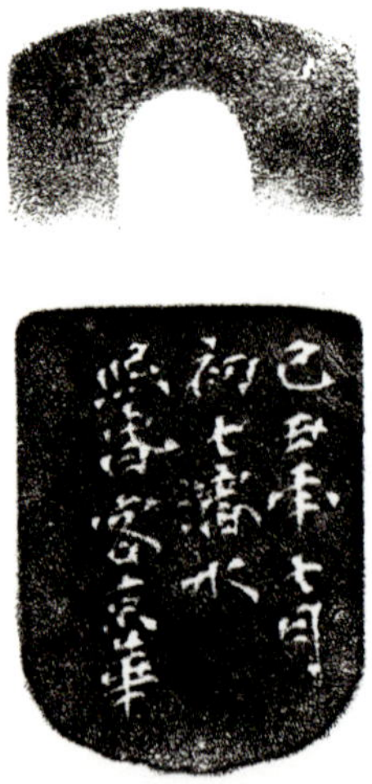

146

印文：歸來文字帶芳鮮

款文：東坡居士詩句。峕（時）己卯，熙春製。

147

印文：瓜飯樓藏書

款文：寬師屬篆。戊寅秋月，熙春製。

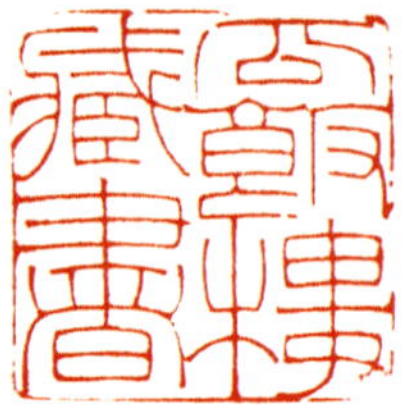

148

印文：石破天驚山館

款文：春。

149

印文：宋梅吟舍

款文：予於徽州深山中得古梅一樹，徑近尺五，山民謂宋梅，未知確否。予喜其稱，因屬熙春弟爲製此印，墨禪翁記。丁亥小除夕寬師八十六歲華誕，熙春。

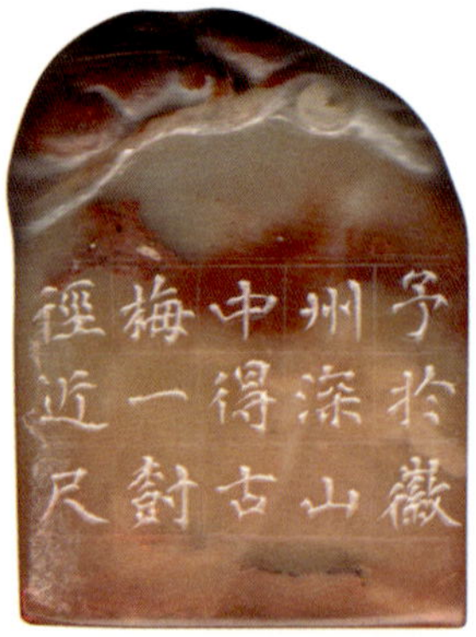

150

印文：縱横百万里　上下五千年

款文：此寬師治學之自律也。寬師七進新疆，兩登葱嶺之巔，得玄奘歸來故道，復度沙海，探古樓蘭尼雅遺迹，歲戊寅，以七十六歲之高齡，復入額濟納旗，覽古居延海之奇，覓黑水城之秘，復入祁連深處，得懸空之古金塔寺。如此壯遊，爲近世所無，乃爲治是印，以爲寬師八秩之壽。熙春謹志。

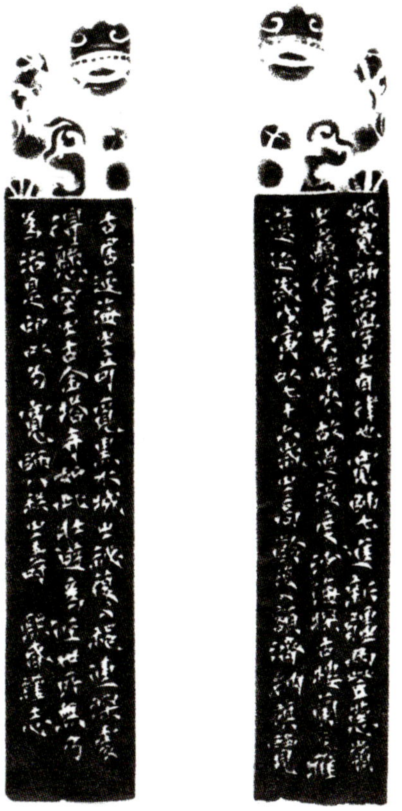

151

印文：墨禪

款文：丁亥，熙春。

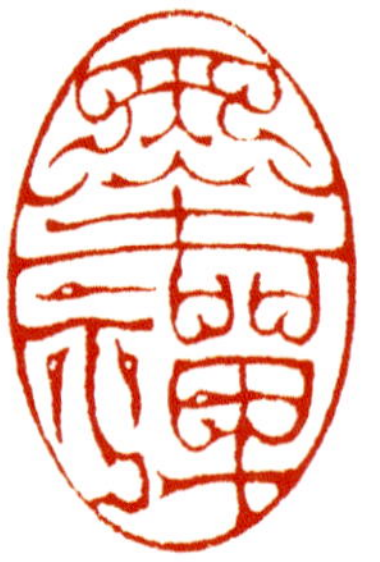

152

印文：連理纏枝古梅草堂

款文：壬辰年，熙春製。

153

印文：連理纏枝古梅吟舍

款文：寬師園中植三樹纏枝古梅，花發異香，幹皆盈抱，俱百千年物。寬師曾令余作古梅老人印，并賦詩以書其懷，詩曰：『三樹纏梅發古香。生長或在宋初唐。小園得此三神木，月露風雲獨我長。』壬辰年四月，寬師九十詩書畫展將于中國美術館舉辦，復雅令余作連理纏枝梅花草堂、連理纏枝古梅吟舍兩印，寬師或欲予印與三樹古梅并傳乎？濬水孫熙春敬記于益損齋南窓之下。

154

印文：我是南北西東人

款文：予生於江南，爲學於北京，十赴西域，尋玄奘歸路於崑崙之巔，羅布泊、樓蘭之墟，晚歲退居京東，是謂南北西東之人也，寬堂九十自記。壬辰，熙春製。

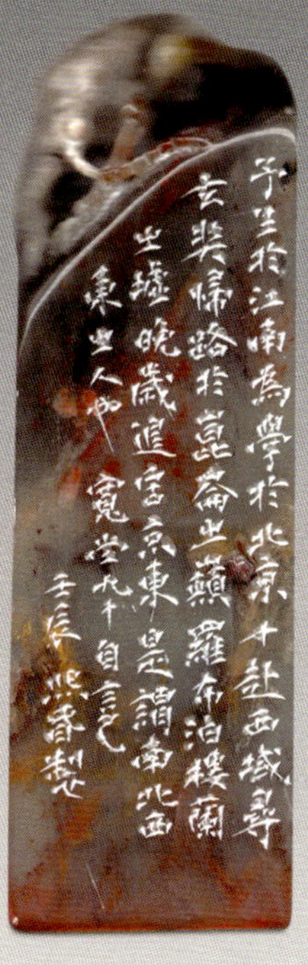

155

印文：老將知契託蟲魚

款文：牧齋詩句，寬師令作。熙春。

156

印文：寬堂馮其庸印　梅翁九十以後作

款文：甲午重陽，余至京東且住草堂助寬堂恩師校對《瓜飯樓外集》之《瓜飯樓藏印》《瓜飯樓藏墓誌》二書稿畢，寬師令作是印。寬師米壽之時，愚弟子曾書一聯以賀，聯曰：夫子功業何止于米；門人問學相期以茶。寬師以九秩晋二高齡自編外集，足證吾言不虛。熙春并記。此印製成于文代會召開日，寬堂恩師親与盛會，此必爲丹青所畫，竹帛所載也。熙春又記。

此印製成于文代會召開日
寬堂恩师親与盛會此必為丹
青所盡竹帛所載也
熙春又記

157

印文：六梅草盧

款文：癸巳年，熙春刻呈寬堂恩師。

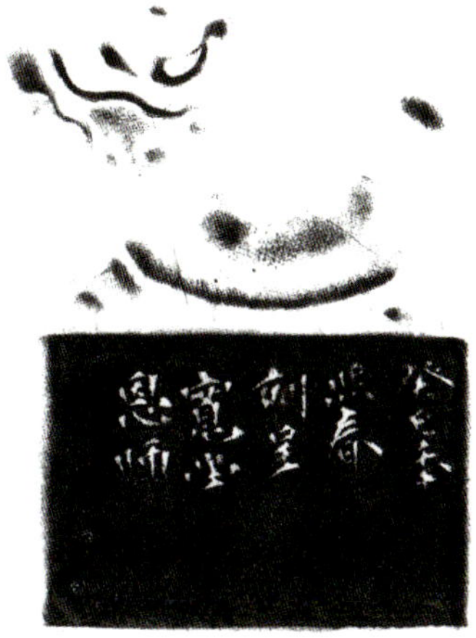

158

鞠稚儒（一九七二— ）

生於吉林。字在庠，號繩齋、盱堂、頌堂、鐵篆頭陀，別署匠石山房、盛心園、廔古室、我庵、耦耕榭、磨兜鞬館、菴摩洛迦花館、一千片兩千石三千金之齋等。西泠印社社員、中國書法家協會會員、中國藝術研究院中國篆刻院副研究員、深圳著名電視欄目《盛世收藏》《鞠説好看》主持人。出版著作有《七〇年代代表書家·鞠稚儒卷》《繩齋集》《元朱文印技法解析》《繩齋書法集》《辛巳印存》《繩齋篆刻閑文印選》等。

印文：樓蘭歸來

款文：繩齋法鐘銘鼎字趣。

159

印文：瓜飯樓

款文：辛巳春分，稚儒刻呈寬堂大師法家誨正。時客鵬城。

印文：瓜飯樓手稿

款文：寬堂前輩令稚儒法宋元印式。

161

印文：石破天驚山館

款文：寬堂大師令製。戊子夏月，稚儒。

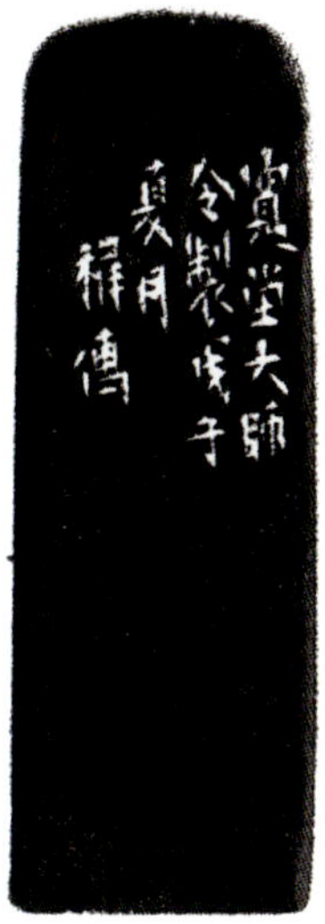

162

印文：宋梅吟舍

款文：稚儒刻於匠石山房。

163

印文：墨禪翁

款文：戊子六月，稚儒刻。

164

印文：馮其庸九十以後作

款文：寬堂前輩命製。稚儒游刃。

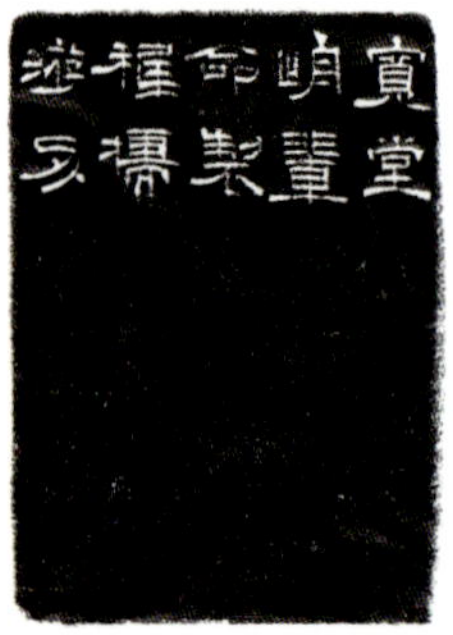

165

印文：瓜飯樓手稾

款文：寬堂老人以歷年積稾結集，令刻是印鈐以爲念。丙戌正月，稚儒於一千片二千石三千金之齋。

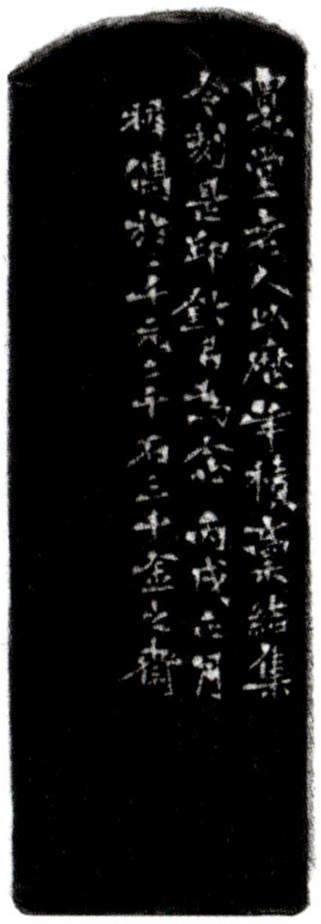

166

印文：瓜飯樓金石文字圖書印

款文：寬堂老人雅命作此，乞教而正之焉。稚儒篆。

167

印文：馮遲其庸長壽

款文：寬堂前輩教正。稚儒刊。

168

印文：寬堂八十以後作

款文：乙酉霜降前一日，稚儒敬治。

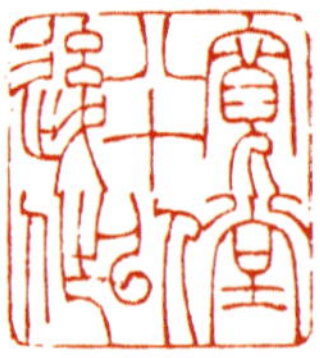

169

印文：十八帖館藏

款文：辛卯孟春，稚儒治印。

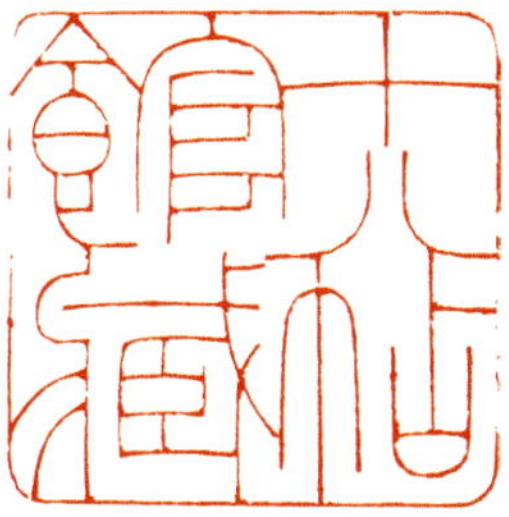

170

印文：馮其庸璽

款文：寬堂前輩繩正。辛卯嘉平，稚儒。

171

印文：寬堂九十後作

款文：稚儒作於嶺上之菴摩洛迦花館。

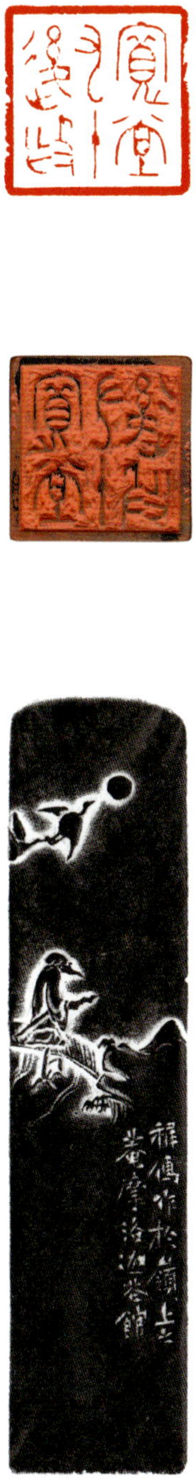

172

印文：石破天驚山館

款文：寬堂夫子大師教正。戊子冬月作于匠石山房，稚儒。

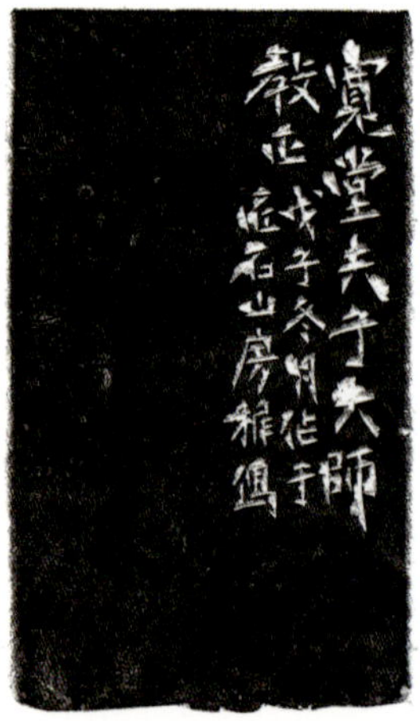

173

印文：連理纏枝梅花草堂

款文：寬堂夫子令製連理纏枝梅花草堂印，即呈誨正。稚儒。戊子冬。

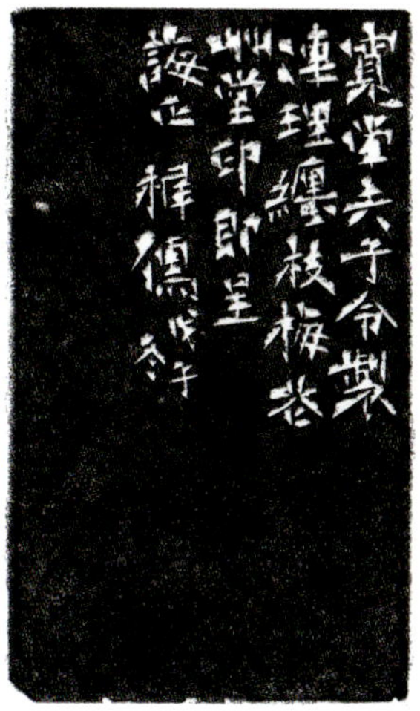

174

印文：十八帖館藏本

款文：寬翁吾長先生正鑒。晚稚儒。

175

印文：孤桐盦

款文：寬堂夫子正篆。稚儒作于深圳。

梧桐，南方之木。予於京中植之，居然成陰，而友人所植皆已凋落，因以孤桐爲齋名。寬翁寄文，稚儒落在印側。

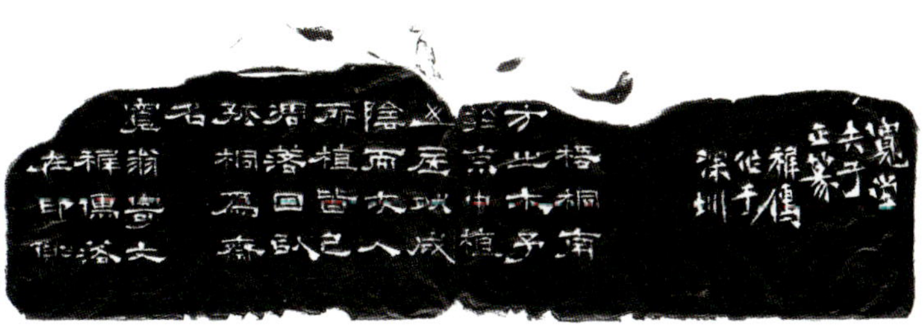

176

印文：一鑑二藤三松四峰五像六梅僊館

款文：寬堂前輩命製巨印。晚稚儒客鵬城二十春秋。

寬翁夫子得戰國巨鑑，有長篇銘文，後得東坡所稱之雪浪石，孜孜之奇譎，不可名狀也。更得千百年之古梅六樹，以之入印，欲其壽世也。癸巳秋，溽暑不退，又志於嶺上。繩齋。

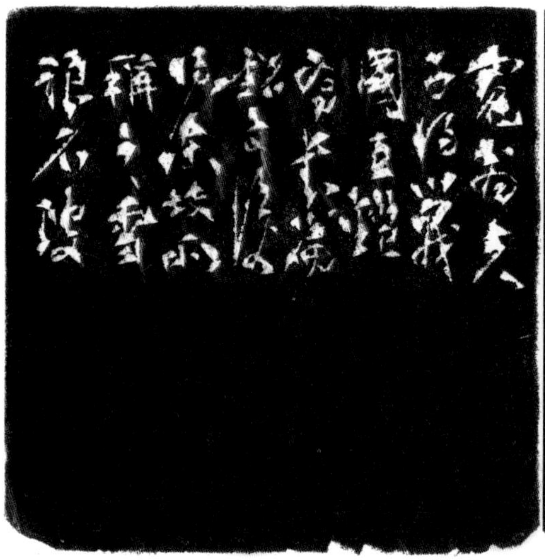

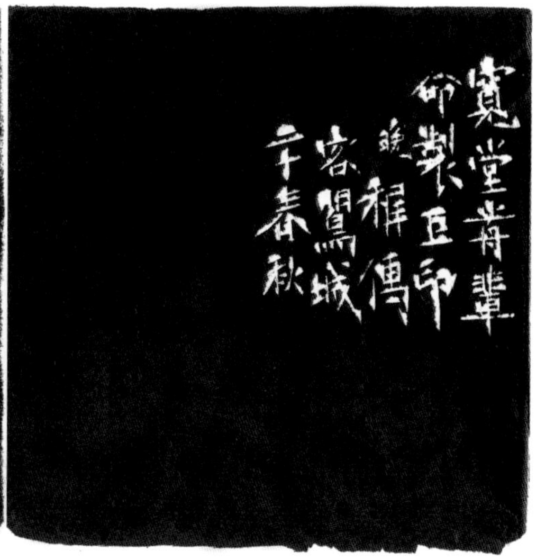

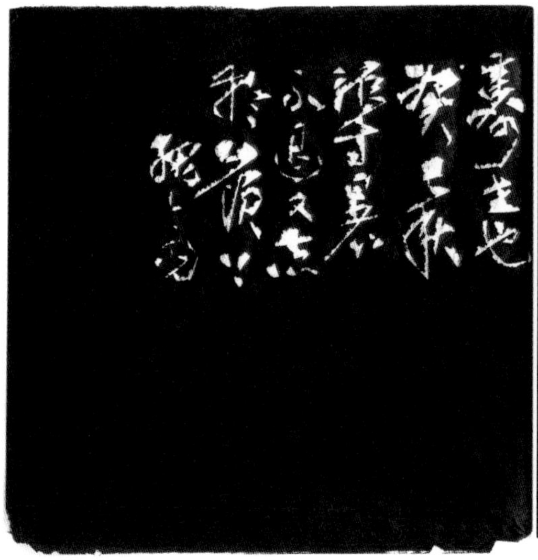

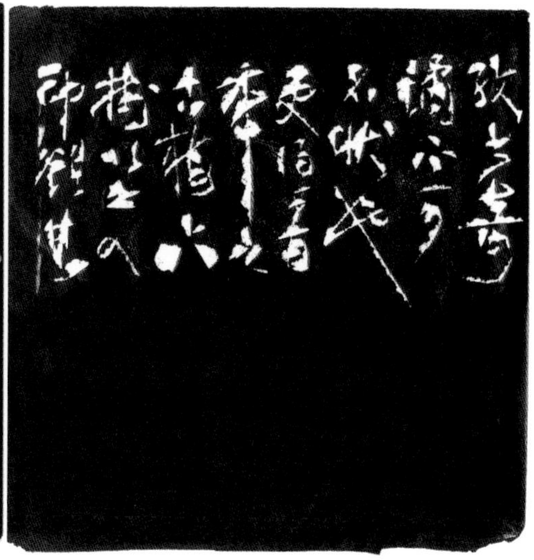

177

印文：瓜飯樓

款文：寬堂夫子命製瓜飯樓印，取巨石刻以應之，意在秦陽陵兵符與漢十六年鍪文字趣味之間。歲次己丑重陽，稚儒并記。

後序

——懷念和田

我自一九八六年到二〇〇五年，二十年間，十次去新疆考察調查，其中有六次去和田，這六次和田之行，長則一月，短則二十天，我跑遍了和田地區的古遺址和名迹，包括古于闐國的遺址。這六次的行迹，記憶中已經重疊起來，我的回憶，也只能憑記憶來寫，無力再查往日的記録了。

我記憶最深的一次是在和田買玉。那次我剛到和田，軍區政委雒勝同志就對我説：『你來得正好，外面玉店裏新收進一塊真正的和田玉，我本來要去買，你來了，你就買了罷，留個紀念，現在真正的和田玉已很難得了。雒政委是識玉專家，更是我多年的好友，我聽他的意見，跟着他就到玉店去。原來這家玉店的主人我也認識，他的店招牌還是我上次來時給寫的。雒政委進店就對老板説：『把那塊玉拿出來罷，馮老買了，三千元，你也不用再説別的價了。』老板一看是我，非常高興，就把那塊和田玉從裏屋拿出來，玉不大，約三寸多長，最寬處不到二寸，厚約一寸不到，玉色温潤，有湧，周身如脂，確是一塊好玉，我就付了三千元，拿了那塊玉。老板又説，有件東西要送給馮老，説罷就從櫃子裏拿出一塊古陶片來，上面刻着一個完整的有翼天使，我看了非常高興。他説在古于闐國遺址揀到的，這就更加有意義了。前些年，我也到古于闐國遺址調查過，只揀到一些光素的碎陶片。這個陶片上的有翼天使，與以往斯坦因在米蘭所剥取的有翼天使，造型結構是一樣的，所不同的那是壁畫，這是陶刻，其文化來源應該同是中亞。至今我還一直保存着這件珍貴文物。

我懷念和田的另一件事，是有一次我到和田的集市上，一位維族老鄉伸手給我看一塊墨色的玉，斑駁古樸而温潤，問我要不要，我一看就喜歡，連忙就説要，問他多少錢，他説二十元。我根本没有想到這麼低的價錢，連忙給他二十元。拿回去請教雒政委，他大吃一驚，説這麼好的墨玉，我在這裏多少年都没有見過，因爲這種玉極少見，所以這位老鄉也不知道它的價值。但後來有多位專家告訴我，這不是墨玉，而是藍玉，但藍到直觀是墨玉，却是少見，更見珍貴。他們用鑒定文物的手電一照，確能看出從深墨色中泛出一絲藍光來。這塊古玉，我也一直珍藏着。專家們還説，這塊古玉，其價值遠遠高過那塊真正的和田玉，因爲它實在稀見。

第三件令我懷念的是我在和田得到十多件西域的古銅印，也是在集市上得到的，其中有動物印三枚，有圖案形的印多枚，都是西域有文字以前的實物。其時代難定，大約在宋元時期。
我還有多枚西域的文字印，銀質，這是和田軍區的朋友送我的，其時代約在明清之間，其文字我始以爲是維吾爾文，後來有朋友告訴我不是維文，其文字難識。
前些時候，原吐魯番政委邢學坤兄，還送我多方漢印和兩方圖紋印，後者是宋元時期，應與我在和田收到的動物形象印是同時，至爲可貴，我非常感謝他。現在這些西部的古印，都收到這部印集裏了。
我還收到一件原始時期的印模，應該是新石器時代的遺物，至爲可貴。
這部印集共收印章一百七十多枚，最初的拍攝，是熙春做的，解決了初稿編製的困難。最後定稿付印的拍攝，是由高海英完成的，我在此一并表示感謝！
我收的這些西域古印，雖數量不算多，却是以前少有人這麽做的，也算是這部藏印集的一個特色。
特別是有一部分古印是西部友人贈送的，我必須記下這一片珍貴的西域友情。

二〇一四年三月二日寬堂九十又二於纏枝古梅草堂

後記

孫熙春

世之知馮其庸先生爲著名紅學家者，或不知先生有書畫之能；識先生詩書畫之藝者，或不知先生有金石之好。而《瓜飯樓藏印》則無疑爲讀者展現了馮其庸先生的另一個『側面』！如果說《瓜飯樓叢稿》更多地體現了馮其庸先生學術深度的話，那麼由諸多個『側面』構成的《瓜飯樓外集》則渾渾無涯，很好地展現了馮先生所涉學術的廣度。

因金石篆刻而有緣拜識馮其庸老師已經十八年了，這期間先生以命我刻印的方式督我精進，告訴我讀書、練筆，不能爲流俗所浸染，也曾把所藏趙之謙原拓印譜長期借我臨習，凡此種種，歷歷在目。但我又因地域之隔爲不能時常親聆教誨、給老師展紙研墨而獨自心焦。兩年前，馮老師說就由你幫我來整理一下印章吧。得師命，欣喜异常。馮先生藏印以數百計，其中的古璽印、曾有著録的楊龍石所刻『種玉堂』印，以及現當代名家所刻之印，能細細研讀、整理一過，無疑是一個絶佳的學習機會，我也可以常常到老師身邊學習，天之厚我！師之厚我！

應該説《瓜飯樓藏印》是《瓜飯樓外集》中最先開始編撰的，工作繁瑣。在没有具體設想構思之前，每到京城東郊瓜飯樓，則用寬堂老師伏案之空餘時間打印蜕，劉猜猜、陳子明賢弟則幫忙拓邊款，印章拍攝我雖非專業，也只能自己捉刀了。回濬後則利用工作之餘對應整理，前後歷時一年多，終成初樣。圖片之技術整理，版式的反復修改多賴張廣茂兄、劉鵬兄鼎力相助，其中辛勞，足顯情誼！後來又經馮老和海英對版面的反復調整，這部書纔趨於更加完善。

趁《瓜飯樓藏印》編輯收尾之際，略記數語，一明緣起，二謝師友！

濬水孫熙春　二〇一三年十二月三日